ANÁLISIS PARA UN LIDERAZGO GENUINO

ANÁLISIS PARA UN LIDERAZGO GENUINO

MIGUEL ÁNGEL VALDEZ

Número de Control de la Biblioteca del Congreso de EE. UU.:		2013913644
ISBN:	Tapa Blanda	978-1-4633-6300-0
	Libro Electrónico	978-1-4633-6299-7

Información de la imprenta disponible en la última página.

Fecha de revisión: 22/03/2017

Para realizar pedidos de este libro, contacte con:
Palibrio
1663 Liberty Drive
Suite 200
Bloomington, IN 47403
Gratis desde EE. UU. al 877.407.5847
Gratis desde México al 01.800.288.2243
Gratis desde España al 900.866.949
Desde otro país al +1.812.671.9757
Fax: 01.812.355.1576
ventas@palibrio.com
438374

ÍNDICE

INTRODUCCIÓN VII

CAPITULO 1 1

LIDERÁNDONOS 1

TEMA 1	LIDERAZGO PATERNAL 3
TEMA 2	NO PODEMOS DAR LO QUE NO TENEMOS O PEDIR LO QUE NO SOMOS CAPACES DE DAR 5
TEMA 3	DISCIPLINA PARA UN BEBÉ 9
TEMA 4	DISCIPLINA A LOS DOS AÑOS 11
TEMA 5	TERCER DISCIPLINA AMOR A TODO SER VIVIENTE 13
TEMA 6	TRATO IGUALITARIO A LOS HIJOS 15
TEMA 7	RESPETA LO QUE NO TE PERTENECE 17
TEMA 8	EL CUIDADO DE LOS HIJOS EN OTRAS MANOS 20

CAPITULO 2 23

PREPARE A SUS HIJOS PARA LA ADOLESCENCIA 23

TEMA 1	CONSTRUYA ADULTOS FORTALECIDOS SOBRE VALORES Y PRINCIPIOS 25
TEMA 2	AMOR 30
TEMA 3	CARENCIA 32
TEMA 4	ABUNDANCIA 34
TEMA 5	¿QUÉ ESCUCHAN ANTES DE SER ADULTOS? 36
TEMA 6	EL REGALO DE LA COMUNICACIÓN 37
TEMA 7	MUESTRE BUENOS EJEMPLOS ESPIRITUALES 39
TEMA 8	EL PELIGRO DEL USO DE LA TECNOLOGÍA EN LA EDAD ESCOLAR 41

CAPITULO 3 45

EN LA ADOLESCENCIA 45
    TEMA 1   CÓMO AYUDARLES EN SUS TAREAS 48
    TEMA 2   UNA GUÍA PERMANENTE.................................... 50
    TEMA 3   SIEMBRE PRINCIPIOS DE PROSPERIDAD
                 (LAS FINANZAS PERSONALES)................................ 52
    TEMA 4   NO EMPOBREZCA SU AUTOESTIMA 55
    TEMA 5   EL TRATO A UN HIJO...................................... 57
    TEMA 6   EL TRATO A UNA HIJA.................................... 59
    TEMA 7   CUIDE A SUS HIJOS 61
    TEMA 8   REFUERCE SUS ÁREAS DÉBILES 63

CAPITULO 4 65

LIDERANDO AL 100% 65
    ESCALA 1 LIDERAZGO 1% 67
    ESCALA 2 LIDERAZGO AL 12%..................................... 69
    ESCALA 3 LIDERAZGO AL 18%..................................... 73
    ESCALA 4 LIDERAZGO AL 25%..................................... 77
    ESCALA 5FALTA DE ALIMENTO CONYUGAL MENSUAL 79
    ESCALA 6 PUERTA DERECHA: AMOR AL DINERO 83
    ESCALA 7 PUERTA IZQUIERDA: EL MAL MANEJO DE LAS EMOCIONES.... 89
    ESCALA 8 LIDERAZGO 100% HONESTIDAD 93

CONSIDERACIONES FINALES...97

AGRADECIMIENTOS..99

CITAS ESCRITURALES.. 101

INTRODUCCIÓN

El contenido de este libro desea mostrarte la importancia de los pensamientos que genera nuestra mente para lograr lo que deseamos en la vida. Lo cual quiere decir que nuestro cerebro recibe una programación que puede conducir al éxito o al fracaso.

En consecuencia, el tipo de crianza de los padres, las experiencias vividas durante la infancia, así como el medio, las relaciones interpersonales u otros factores, determinan las maneras de conducirnos y de enfrentar los problemas.

Dadas las condiciones anteriores, si atraviesas por momentos difíciles deseo hagas un alto, analices lo que te sucede, por qué sucedió, y cómo puedes retomar el camino hacia la prosperidad. Para ello, tienes en tus manos la primera guía programada que te indicará paso a paso cómo lograr tus objetivos.

Para comprender lo anterior te muestro el siguiente ejemplo:

Un peleador profesional antes de enfrentarse a su oponente, estudia las debilidades que su contrincante muestra en el combate, para lograr la victoria. Lo mismo deberíamos aplicar en nuestra vida, analizarnos y detectar nuestras áreas a mejorar. Sin embargo, la mayoría de los seres humanos no aplica o desconoce esta estrategia cuando se llega el tiempo en el que tienen que responsabilizarse de sí mismos y convertirse en luchadores de su propio destino, impidiendo así que triunfen en la vida.

De igual modo cuando se está enfermo, acudimos al médico, y si la situación lo requiere, se nos practicarán algunos análisis para descartar o determinar el tipo de padecimiento y darle el tratamiento adecuado. Conociendo entonces el motivo de nuestra enfermedad y la manera de contrarrestarlo, de no llevarlo a cabo, seríamos negligentes respecto a nuestro estado de salud. Lo mismo sucede en nuestra vida, debemos identificar qué nos afecta para poder enfrentarlo y combatirlo.

Les mostraré cómo obtener resultados positivos en su vida: personal, conyugal, de negocios, laboral, académica, para que las ganancias económicas y emocionales se multipliquen a través de un proceso de persistencia. Y Conocerán los motivos por qué los jóvenes deciden dejar sus estudios, irse a las calles y dedicarse al vandalismo.

El libro es una invitación a los distritos escolares a informar a los padres con la finalidad de guiar a sus hijos, aplicando los conocimientos obtenidos en su vida cotidiana y laboral.

Así mismo un apoyo a empresas donde es necesario un guía que muestre un liderazgo genuino sobre bases sólidas de valores y principios, que le permitan obtener junto con su equipo un crecimiento permanente.

A lo largo del texto, emplearé la palabra "padres", refiriéndome tanto al varón como a la mujer, ya que ambos constituyen parte fundamental en su educación. Mencionando al padre en primer término con base a las escrituras, al ser la primera criatura de la creación divina **1Timoteo 2:13. Génesis 2:23.** Poniéndolo como cabeza del hogar **Efesios 5:23**, sin excluir a la mujer.

Aclarando lo siguiente: toma del texto lo que sirva a mejorar tu vida, esa es la finalidad. Y si logro dejar un motivo que te guie hacia la prosperidad y éxito, me daré por muy bien servido.

CAPITULO 1

LIDERÁNDONOS

MODELO DE CRIANZA

Un líder es quien guía a otros hacia una meta en común, mostrando el camino con su ejemplo, creando un ambiente de colaboración mutua y compromiso, donde todos se involucren activamente en todo momento.

Motiva e inspira a actuar a las personas que están a su alrededor. Liderar es saber tomar las riendas teniendo bien definido un objetivo.

El líder no es ningún jefe, es alguien comprometido para que el propósito a seguir se lleve a cabo. No ordena, más bien muestra y enfoca a otros por el sendero a seguir.

Los primeros ejemplos de liderazgo que recibimos en nuestra vida los conocemos a través de nuestros padres o tutores. Los padres son líderes, de ahí su influencia en la etapa de crianza en los primeros años y dependiendo de la calidad de liderazgo ejercido, será un elemento a favor o en contra para nuestro futuro. Educar y liderar a los hijos, es marcar su destino.

Liderarnos obteniendo resultados positivos en nuestro camino no siempre resulta ser una tarea fácil, pues se requiere de compromiso, responsabilidad pero sobre todo disciplina junto con una gran dosis de respeto, tolerancia y paciencia. De ser sencillo, todos gozaríamos indudablemente de una sana prosperidad en todas las áreas de nuestra vida.

Es importante resaltar que somos una obra divina que solo requiere de cierta preparación, disposición y trabajo constante para evitar una vida adversa.

T E M A   1

LIDERAZGO PATERNAL

MODELO DE CRIANZA

Existen personas con un liderazgo innato, sin embargo en la generalidad de los casos, se aprende. De ahí la responsabilidad que pesa sobre los padres, pues los hijos son un reflejo de lo vivido en casa. Todo niño aprende lo que vive. Es así que, el liderazgo paternal inicia a temprana edad.

Los padres favorecen la aparición de ese liderazgo a través del ejemplo dentro y fuera del hogar, de manera consciente o inconsciente. Enseñando a los hijos actitudes, valores, que les permitan enfrentarse a retos o problemáticas que se les presenten con la fuerza necesaria para poder solucionarlas en los diferentes ámbitos de su vida: en la escuela, trabajo, hogar, relaciones, etc. De tal forma que adquieran la capacidad de distinguir entre lo correcto o no, para tomar decisiones.

Establecer un equilibrio entre disciplina y amor en la educación de tus hijos, favorecerá un clima de afecto, con una orientación correcta.

Un padre debe ayudar a distinguir los liderazgos positivos de los que no lo son. Es decir, la diferencia entre quienes ayudan a otros, de los que usan como mercancía o escalón para lograr fines personales.

Los hijos fortalecidos emocionalmente, pueden discernir partiendo de una valoración personal y bases bien cimentadas.

La comunicación se volverá entonces un puente fundamental. Donde los padres deben ser lo suficientemente abiertos para escuchar a sus liderados y ganarse su confianza, construyendo así un canal abierto donde los intercambios permitan entre ambos analizar lo que vayan viviendo, tratando de que ese camino sea hacia la prosperidad, el éxito.

De ahí, la trascendencia de fortalecer a los hijos inculcándoles una cultura de tenacidad y responsabilidad constantes que les permitan alcanzar sus objetivos. Con la confianza y corajes necesarios para enfrentar miedos e incluso burlas durante ese proceso.

El que los hijos vayan tomando conciencia de las responsabilidades adquiridas, irá moldeando un individuo consciente, maduro que habrá de tomar las decisiones adecuadas en el instante correcto.

Un líder fortalecido y seguro llegado el momento, canalizará su fuerza para ser porta voz de otros, sin olvidar nunca que trabaja en conjunto. Ponerse en el lugar del otro (empatía), la sencillez y humildad serán de sus características fundamentales.

T E M A   2

NO PODEMOS DAR LO QUE NO TENEMOS O PEDIR LO QUE NO SOMOS CAPACES DE DAR

MODELO DE CRIANZA

He conocido personas exitosas profesionalmente, grandes líderes en el área laboral, pero incapaces de establecer relaciones armónicas con quienes conviven o con una deficiente dirección familiar.

Lo anterior perece confirmar que un buen líder lo debe ser dentro y fuera de su hogar. Razón por la cual su familia es el mejor testimonio de esa construcción de liderazgo.

Es necesario recalcar que no se pueden esperar resultados prósperos bajo una guía plagada de ignorancia, donde el poco esfuerzo ha sido permanente producto ya sea de la herencia o de trastornos de orden moral, social y espiritual. Tales negligencias han roto un orden divino, que desgraciadamente se propaga alarmantemente.

Un ejemplo de ello, es la creencia de que el uso de la fuerza física o verbal es la mejor vía para educar a los hijos.

Cuántas veces no hemos escuchado en algunos adultos decir: -Yo pego y grito a mis hijos, porque así me educaron-.

¿Por qué entender al castigo físico como una forma de educación o corrección?

Si esa forma de vida no me dio felicidad, entonces el trabajo como líder es modificar esos paradigmas (formas de pensar, costumbres, etc.) y evolucionar como individuo, teniendo como tarea un análisis interno, que lleve a ese cambio que se verá reflejado en los resultados del liderazgo ejercido.

Comparto un ejemplo bíblico al respecto:

En **proverbios 13:24** se menciona que:- El que detiene el castigo a su hijo lo aborrece; más el que lo ama desde temprano lo corrige-. Algunos padres sintiéndose apoyados por **proverbios 22:15, 29:15** y **23:13.**, les corrigen físicamente con una vara.

A manera de aclaración he de mencionar que en aquellos años cuando el señor liberó a los hijos de Israel de las manos del faraón después de 430 años de esclavitud, recordó el pacto que hizo con Jacob eligiendo a Moisés desde su nacimiento para liberar a su pueblo de Egipto **Éxodo capítulo 14: versos 21. 22. y 27.** Moisés poseía una autoridad divina con tan solo elevar la vara. Con la cual levantó dos muros de agua cuando les perseguían.

La intención de mencionar esta historia es para reflexionar que en los tiempos antiguos, la vara en las manos de Moisés representaba autoridad y disciplina donde se necesitaba establecer orden y obediencia, más no para golpear.

Queremos hijos amables, educados, empáticos, asertivos, etc., pero en realidad ¿el ejemplo que estamos dando es el adecuado? Seguimos olvidando que se aprende lo que se vive. Es así, que no podemos dar lo que no tenemos o pedir lo que no somos capaces de dar.

La disciplina física lastimará temporalmente su cuerpo, pero el daño emocional será de por vida. Haciéndolos más susceptibles al fracaso por haber sido lastimados por los seres más importantes de su vida: Sus padres.

La raíz del uso de la fuerza es: el miedo, el control, un mal manejo de emociones. Lo adecuado sería educar a tiempo con acciones y palabras, evitando todo acto de agresión.

El niño no es un objeto en la familia, es un ser humano que merece respeto, necesita afecto. Es un ser con derechos, pero también con sus respectivas obligaciones.

Pareciera que se tratara con animales (los cuales también deberían ser tratados dignamente, pero que la realidad nos muestra lo contrario).

Y al respecto, he tenido la oportunidad de conversar con profesionales de adiestramiento equino (caballos), acerca de los errores que puede cometer un entrenador en ese proceso. Me mencionaban que golpear al animal, implicaría que se perdiera todo el trabajo previo de educación. Tendría que reiniciarse y el caballo tendría que olvidar el daño recibido de su entrenador. De no lograrlo ya no podría seguir entrenándole. Entonces un animal al ser educado debe ser estrictamente bien tratado y lo mismo sucede con los individuos.

Los castigos agravan comportamientos negativos, quienes son castigados en casa tienen mayor probabilidad de desquitar su frustración y enojo fuera de ella.

Consciente o inconscientemente el niño aprende a obtener algo usando la fuerza o el poder sobre otros. Aprende por ejemplo, que si no le agrada algo de alguna persona, puede usar la violencia sobre ella para manifestar su malestar. Los padres en estos casos estarán educando a un agresor en potencia.

Toda conducta tiene un por qué, de tal forma que es indispensable la comunicación y ser lo suficientemente sensible para ayudarle a saber el origen y canalizarlo de la mejor manera. Retomo nuevamente la importancia de la comunicación entre padres e hijos, como medio de prevención a conductas negativas. Ayudarles a reflexionar sobre ellas y sus repercusiones en la relación con los demás, llevará a una convivencia sana.

De lo contrario en la adolescencia o juventud veremos las consecuencias: Chicos delinquiendo en las calles, adictos, envueltos en embarazos tempranos, etc.

La responsabilidad de los padres es educar, guiar, motivar, darles las llaves que les permitan abrir las puertas a la prosperidad en todas las áreas de su vida.

Quien haya crecido con heridas, trabaje en el perdón de aquellos que le lastimaron. Hágaselos saber y comente cómo afectaron en su vida. Para ello le recomiendo el libro **"Sanando las heridas del Alma"** del escritor **Rafael Ayala.**

De ahí mi interés por apoyarles a modificar esa situación, brindándoles cuatro maneras de educar que iré explicando con la intención de formar individuos fortalecidos, responsables y exitosos desde temprana edad:

- Primer disciplina para un bebé.
- Segunda disciplina, a los dos años.
- Tercer disciplina siembre nobleza
- Amor por todo ser viviente.

TEMA 3

DISCIPLINA PARA UN BEBÉ

MODELO DE CRIANZA

Dentro del hogar existe una organización, reglas, normas, tradiciones, costumbres, etc., que determinan una forma particular de vida.

Después del matrimonio lo más natural en la pareja es recibir a un nuevo integrante, el cual crecerá a la par en dos planos: El físico y el vivencial.

A su llegada, muchos padres por ejemplo, cometen el error de mantener todo en silencio para que el bebé pueda descansar sin ser molestado, modificando la organización establecida hasta el momento.

La familia no es quien debe adaptarse al bebé, por el contrario es éste quien deberá adaptarse a su entorno con el apoyo de sus padres, sin lastimar o limitar a los demás integrantes. Iniciando así el camino de un liderazgo ejercido en los hijos.

El padre como líder, trabajará en su adaptación enfrentándolo a sus primeros retos de su diario vivir, incluyendo los sonidos ambientales, horarios de sueño, alimentación, etc.

Todo como un mecanismo, debe seguir funcionando como hasta ahora lo había hecho. El trabajo entre la pareja y la comunicación deberá estrecharse para enfrentar estos cambios, solucionando conflictos que vayan presentándose.

En este sentido, evitemos caer en situaciones como las siguientes, que pudieran parecer insignificantes, pero que repercuten perjudicialmente en la relación matrimonial:

Al nacer el bebé, algunas madres primerizas les cargan constantemente. Siendo este uno de los primeros motivos por lo que se empiezan a malcriar los hijos.

¿Cómo quitarle este mal hábito? Alargando los tiempos de tenerlo acostado, cambiarlo de posición para que no se canse, dejarle que llore un poco mientras que podamos atenderlo.

El bebé debe aprender a recibir atención cuando sea necesario, no a voluntad, porque no siempre podrá ser de esa forma. Atenderlo al instante o tratar de adivinar sus deseos o necesidades, lo hará intolerante, berrinchudo y demandante, quedando los padres a merced de sus deseos.

No otorguemos un poder que a futuro pueda rebasarnos. No trato de decir que no se le atienda en tiempo y forma, simplemente que no se llegue a la exageración.

Los cuidados excesivos o mal entendidos, han causado conflictos en los matrimonios. Centrar toda atención en el bebé puede generar un distanciamiento en todos los aspectos con la pareja. Que de no solucionarse, pueden provocar una separación.

Ningún hijo viene con un manual bajo el brazo, sin embargo en la medida que establezcamos límites desde el inicio, el camino será menos tortuoso para la familia y el recién llegado. La disciplina no está peleada con el afecto que brindemos a los hijos, este fortalecerá su autoestima.

El bebé deberá aprender por tanto, a esperar a ser atendido, esto beneficiará que adquiera tolerancia a la frustración, lo cual a la larga lo llevará a ser paciente.

T E M A   4

DISCIPLINA A LOS DOS AÑOS

MODELO DE CRIANZA

Un pequeño a los dos años busca ser más independiente pues empieza a dar sus primeros pasos, es curioso y todo para él le reporta gran interés, por esa razón investiga su entorno.

Mantienen espacios pequeños de atención, son enérgicos en sus preferencias y tienden a hacer rabietas, como parte de su crecimiento. Es la etapa donde escuchamos constantemente la palabra no de su boca, a manera de consolidar su yo.

Aquí los padres deben establecer límites y reglas adecuadas a su edad, que le permitan irse integrando a su familia y sociedad sin dificultad, sobre una base de paciencia.

Se debe ser muy cuidadoso durante este periodo y evitar festejar malas conductas solo por su adorable apariencia o porque consideramos que fue gracioso o es pequeño para comprender. Recuerde que la disciplina empieza desde la más temprana edad.

En cuanto a los padres, dadas las condiciones personales, laborales, de estrés, etc. No siempre podemos estar de buen humor o con la paciencia suficiente para enfrentarnos a convivir con los hijos.

En estas circunstancias son muy frecuentes los daños que reciben de sus padres o tutores, porque carecen del conocimiento de las características de los niños a esa edad y de la capacidad de regularnos al corregirlos, peor es si se está pasando por una situación que les altere. De esta manera inconscientemente les dañan, creyendo que los están corrigiendo, cuando en realidad solo están desahogando sus frustraciones, marcando su vida y señalándoles un camino que conduce al fracaso.

Cada persona lleva un impacto de lo vivido en la infancia, en el caso de que fuere negativo, irá creciendo buscando desahogar lo recibido.

Un niño no puede defenderse de un adulto, pero su dolor y frustración, lo canalizará a través de comportamientos inadecuados en público como: berrinches, desquitándose incluso con otros, etc.

Es necesario poner límites de forma inmediata, pues aún los pequeños de esta edad, no disciernen entre lo correcto o no. De tal forma resultará más fácil entender la relación de causa y efecto. Será un ejercicio continuado que deberán seguir los padres hasta que el niño vaya tomando conciencia de lo que hace.

Todo se vuelve una consecuencia de malas decisiones, negligencia o ignorancia por el líder paternal.

Sumado a lo anterior, situaciones como infidelidad, el abuso del alcohol, adicciones, problemas económicos, entre otros, son generadores adicionales de un desequilibrio en el hogar. Siendo líderes debemos tratar de enfrentarlos y darles solución en beneficio de todos.

T E M A   5

TERCER DISCIPLINA AMOR A TODO SER VIVIENTE

MODELO DE CRIANZA

Los niños nos comentan o preguntan repetidamente dada su curiosidad y confianza en nosotros. Consideran que somos nosotros quienes podemos dar respuesta a sus dudas.

Lo conveniente sería que cada pregunta sea contestada por los padres. Evitando así, que sean blanco de influencia de personas inadecuadas. De ahí que invito a los padres a tener paciencia, empatía con sus hijos, pues apenas están descubriendo todo lo que les rodea y esta situación es parte de las características de su desarrollo.

Deseo compartir en este sentido una experiencia que viví con mis hijos:

Solíamos caminar tomados de la mano al campo libre, donde encontrábamos pequeños insectos que atravesaban a nuestro paso. Mis hijos se detenían para preguntarme sin hablar ¿qué hacemos con ellos? En esos momentos decidí ejercer mi liderazgo de forma positiva, cuestionándome inmediatamente el sentimiento que deseaba despertar en ellos.

Hubiera sido tan sencillo decirle al niño que lo pisara y acabara con su vida. Sembraría entonces sentimientos negativos que se reflejarán en su vida adulta y en el trato hacia los demás. Pero, lo que yo deseaba era que se dieran cuenta que debían respetar la vida de ese ser vivo.

Cuando nos inclinábamos observando a aquel insecto tan pequeño sin lastimarlo, uno no imagina que en esa mente tan inocente estemos sembrando nobleza, amor al prójimo y así mismos.

Aprenden a tener compasión es vital para entablar relaciones sociales sanas y armónicas.

De esa forma y gracias a esta siembra amorosa en mis hijos, se cumplieron dos mandamientos valiosos, el primero está en **Mateo 22:37** y el segundo en **Mateo 22:32**. Ambos relacionados con el afecto a los demás.

Un líder tiene en sus manos, la oportunidad de formar seres compasivos hacia los seres vivos, la naturaleza, las personas. Evitando educar individuos incapaces de sentir amor por el prójimo, violentos, sin equilibrio emocional. Quienes pueden ser los futuros generadores de violencia en la escuela, los próximos delincuentes, adictos, etc.

T E M A   6

TRATO IGUALITARIO A LOS HIJOS

MODELO DE CRIANZA

¿Cuántas veces no hemos escuchado pláticas o comentarios sobre qué hijo es el preferido en una familia? Lo más lamentable es que las respuestas son dadas frente a los hijos o nuestra inclinación es más que evidente.

Podemos ser más empáticos con unos u otros, pero eso no significa que el trato debe ser diferenciado. Como padres no debiéramos tener preferencia por alguno de nuestros hijos. El trato debe ser igualitario.

Preferir a un hijo de entre los demás, sería dañarlo para toda su vida haciéndolo un inútil, jactancioso, engreído y hasta grosero con sus hermanos. Provocando que los otros sean inseguros, con una baja autoestima, acumuladores de rencor o envidia al hermano preferido.

La gravedad radica en que son los propios padres quienes lo fomentan. Es indudable que esa desigualdad ha destruido familias enteras.

En este sentido la Biblia nos presenta la historia de Jacob, quien prefería a José de entre sus demás hijos, **Génesis 37:1-36**. Muestra cómo siendo José el preferido, estuvo a punto de ser asesinado por sus hermanos a consecuencia de la envidia y celos que éste les provocaba. Por tal motivo José es vendido como esclavo, los hermanos engañan a su padre con su supuesta muerte, mostrándole su túnica desgarrada y ensangrentada, como si hubiese sido devorado por una fiera salvaje.

Esta historia de desigualdad se repite constantemente, en familias disfuncionales. ¿Cuántos casos no hemos escuchado acerca de padres que al morir no dejan testamento o dan todo al hijo "consentido" desatando una guerra familiar?

Les recuerdo que nuestro padre celestial, brindó amor por igual sin hacer distinción alguna.

Cada uno somos valiosos y por tanto necesitamos recibir un trato digno, respetuoso e igualitario. Las comparaciones solo lastiman. Fortalezcamos la autoestima de nuestros hijos para que enfrenten la vida con menor dificultad.

T E M A 7

RESPETA LO QUE NO TE PERTENECE

MODELO DE CRIANZA

El respeto por lo ajeno es saber que no podemos disponer de algo que no nos pertenece. Para ello necesitamos la aprobación o consentimiento del dueño.

Pero también si tenemos la oportunidad de que sea prestado, debemos valorarlo, cuidarlo y regresarlo.

Trabajar con los niños para ayudarles a identificar y reforzar conductas que le benefician a él o a los demás, ayudarán a futuro a formarle una conciencia personal y social sobre las repercusiones de sus actos.

El niño puede tener el deseo de tener algo que le interese, pero si no es suyo, nuestro deber como padres es aclararle que el tomar algo que no nos pertenece sin autorización, no es correcto y que esa acción tiene un nombre y se llama robar. Todos estos aprendizajes requieren de tiempo para que el niño lo vaya asimilando, lo ideal es que como padres seamos comprensivos, respetuosos, constantes, buscando en todo momento la reflexión y que vayan asumiendo las consecuencias de sus actos.

Cuando era muy pequeño dada nuestra precaria situación económica, tuvimos pocos juguetes, pero recuerdo que cuando nuestro padre notaba que teníamos algún objeto o juguete que él desconocía, preguntaba de quién era y cómo lo habíamos conseguido. Si él se daba cuenta que el objeto era mal habido, daba la orden de devolverlo de donde lo hubiéramos tomado. Siempre programó nuestra mente y acciones para respetar lo que no nos pertenecía, y así crecimos.

Recordemos, todo lo que nuestra mente recibe desde muy pequeños es una programación que se refleja en nuestros actos y palabras a lo largo de nuestra vida.

Debo mencionarles tres situaciones erróneas, que aunque aparentemente parezcan inofensivas, a la larga pueden provocar dificultades en la conducta de los hijos generando el deseo de poseer los bienes de otros.

- I) Permitir que se encariñen con un juguete u objeto que no es suyo.
- II) Estando en casa de un amigo o familiar, ya sea por confianza o incluso por descuido, permitir que el niño trajera consigo, un juguete ajeno en sus manitas.
- III) En algunas ocasiones los padres al ir de compras, centran su atención en los artículos a adquirir sin estar al cuidado constante de los niños, descuidos que los pequeños dada su curiosidad aprovechan para llevarse objetos o juguetes que al llegar a casa se dan cuenta que fueron tomados de la tienda. Aunque sean pequeños deben aprender a respetar lo que no les pertenece.

Deseo compartirles la manera en que mi esposa y yo, actuábamos con nuestros hijos respecto a este punto:

Cuando íbamos de compras, la mayoría de las veces llevábamos a un niño o dos. Siempre, antes de llegar a la caja registradora revisábamos sus manitas evitando que llevaran algún objeto o juguete de la tienda.

Si deseaban un juguete, les dábamos el dinero para que ellos pagaran. De esa manera se daban cuenta que para adquirir algo, debían pagarlo.

Una ocasión, llevamos al niño especialmente a comprarle un juguete. Previamente conversamos con él acordando la cantidad qué podría destinar para tal fin. De ser más elevado su costo, no podríamos comprarlo. Estas son simples formas de inculcar al niño que puede tener algo de su agrado si existen las posibilidades y si se lo ha ganado.

Y no solo se trata de obtenerlo, sino también de cuidarlo, pues debe valorar lo que posee.

Pudimos presenciar varias ocasiones escenas penosas de desacuerdos entre padres e hijos. Miramos a niños haciendo rabietas en el piso con lo que querían debajo del brazo. En esos momentos mi niño entendía el motivo de su conducta y miraba el dinero que llevaba en su manita.

El hijo que en público lo hace pasar un mal momento, le está devolviendo lo que usted le ha enseñado o permitido en casa.

Ponga como he venido mencionando límites a sus conductas y se evitará problemas a futuro.

Pareciera que estos actos infantiles son inofensivos, pero no lo son. Estas programaciones afectarán su vida y la relación con los demás.

Reflexione lo siguiente:

Según algunos estudios, quienes cumplen una condena en prisión por robo, son culpables por sus actos y deben pagar por ellos, pero no olvidemos que también, son producto de la crianza recibida en su niñez. Siendo tan culpables quienes les educaron, como los convictos por infligir la ley. Los primeros por no establecer límites y reglas a tiempo, los segundos por su negligencia a trabajar en un análisis personal, siguiendo con un estilo de vida negativo.

T E M A   8

EL CUIDADO DE LOS HIJOS EN OTRAS MANOS

MODELO DE CRIANZA

Es lamentable saber cómo sufren algunos niños cuando sus padres, ya sea por trabajo u otras actividades, se les deja al cuidado de otras personas.

Según las estadísticas, en Norte América, de cada diez familias ocho llevan a cabo estas prácticas, sin inscribirlos en instituciones que brindan un servicio educativo profesional como tal.

Comentaré enseguida el sufrimiento al que se enfrentan estos pequeños en diferentes edades, bajo estas circunstancias.

En el primer año de vida

Un niño desde que nace es acogido en los brazos de su madre. Cuando es alimentado con leche materna, va demandando la toma conforme lo requiere. El cuerpo de ella lo percibe y de esta manera, será el tiempo que tardará en avisar que tiene hambre nuevamente. Si es biberón, también tendrá horarios específicos. Pero al cuidado de otra persona, pueden no cubrirse en tiempo o forma.

El trato nunca será igual. Los momentos de alimentación forjan lazos afectivos con la madre, el bebé siente el contacto físico, escucha su voz, recibe muestras de cariño.

A los dos años de edad.

Conforme va creciendo, el niño necesita mayor cuidado, ya que son más activos. Empieza la marcha, volviéndose más independientes. Van donde la curiosidad los llama. Su instinto es conocer todo a través del gusto, pues todo aquel objeto que tengan a su alcance se lo llevan a su boca, sea lo que sea. Siendo situaciones de gran peligro, ya que requieren de una atención constante, que toda persona ajena a la familia no siempre puede cubrir. He de mencionar que también existen personas profesionales, pero siempre hará falta el cariño y atención de los padres que jamás serán suplidos.

Cuando los pequeños no son bien atendidos, en algún momento las madres se dan cuenta por ejemplo, de lo que han comido en ese lapso de tiempo mientras le cambian de pañal. Grande es la sorpresa de la madre al darse cuenta que comió objetos o incluso insectos.

Esto es solo algo de lo que le sucede cuando los depositan en manos negligentes. Y que decir de los maltratos físicos y verbales. Razón por la cual, los padres se han visto en la necesidad de colocar cámaras escondidas.

Esto es parte del sufrimiento que los niños indefensos sufren probablemente por problemas económicos, pero cualquiera que sea la situación, lo principal es la falta de un liderazgo paternal.

Entre tres y cinco años

Cuando son cuidados en lugares no profesionales, los padres notan un cambio repentino de carácter en los menores en casa. Son agresivos, están a la defensiva en todo momento, son irrespetuosos, con falta de apetito, callados, etc.

Les explico la razón: En casas donde cuidan niños casi siempre hay más de tres menores, lo cual provoca que convivan con pequeños de edad, carácter, costumbres y formas de crianza distintos. El problema radica no en la convivencia, sino en la forma en que esta se lleva a cabo y los métodos o manejos empleados por estas personas. Incluso pueden vivir violencia o acoso de otros. Además se les permite ver programas y juegos violentos en algunos casos, para mantenerlos entretenidos.

Los padres en estas condiciones van cediendo la educación de sus hijos a otras personas.

No existe mejor cuidado que el de los padres, cuando ejercen un liderazgo positivo.

Lo adecuado sería encontrar un lugar donde sepamos que los niños están bien resguardados.

CAPITULO 2

PREPARE A SUS HIJOS PARA LA ADOLESCENCIA

ANÁLISIS PERSONAL

Unas de las etapas críticas en el desarrollo del individuo sin duda es la adolescencia. Proceso entre la niñez y la edad adulta, donde se producen cambios físicos, fisiológicos, psicológicos y sociales.

Los cambios son tan rápidos que para muchos son difíciles de asimilar. El acompañamiento y guía de los padres deben estar presentes por estas circunstancias.

Durante este periodo, los hijos buscan su independencia, encontrarse a sí mismos, saber hacia dónde dirigirá sus pasos. Lo cual siembra cierta incertidumbre tanto en ellos como en los padres, generándose cierta tensión.

Además de cosas materiales, el adolescente requiere de un ambiente de seguridad, afecto, respeto, que ayuden a fortalecer su vida afectiva y emocional.

El tipo de relación que tengan con sus padres, puede determinar la que ellos entablarán con otros, así como en los ámbitos en donde se desenvuelva. Pues recordemos que ellos serán el reflejo de lo vivido en el hogar.

Más que juzgarlos, ayudémosles a reflexionar acerca de sus conductas, sus repercusiones, así como a la toma de decisiones.

Ser demasiado controladores por el miedo a lo que pudiese ocurrirles, puede ser contraproducente. Asfixiar por otro lado, puede generar un ansia de libertad desmedida a costa de cualquier cosa.

El afecto a los hijos se refleja en el cuidado que reciben. En algunos casos la sobreprotección y amor desmedidos ciegan a los padres, no permitiendo que se hagan responsables de sus actos. O por el contrario, aquellos sin guía o carentes de afecto, busquen salidas falsas.

En ambos casos, esos liderazgos resultan ser el origen de un adulto débil o no, ante las adversidades de la vida.

Permitirle vivir las consecuencias de sus actos, favorecerá la edificación de un individuo responsable. Reconocer sus esfuerzos, logros, le permitirá adquirir un equilibrio emocional, que cimente la autoestima necesaria para encarar desafíos.

T E M A   1

CONSTRUYA ADULTOS FORTALECIDOS SOBRE VALORES Y PRINCIPIOS

ANÁLISIS PERSONAL

Los padres son quienes transmiten valores, principios a través de su ejemplo. Son quienes elijen aquellos que consideran adecuados para un óptimo funcionamiento de la familia.

Esa convivencia social armónica o no, dentro y fuera, irá conformando una escala de comportamientos, actitudes a través de las experiencias diarias. El resultado se verá reflejado en su desenvolvimiento social, su actuar personal y en la toma de decisiones.

En este sentido los padres deben ser congruentes con lo que dicen y hacen. Finalmente las acciones dicen más que mil palabras.

Educar a individuos que puedan convivir responsablemente en la sociedad, implica vivir en valores. A continuación menciono los siguientes:

AUTOESTIMA

La autoestima es una valoración positiva de nosotros. Como padres debemos reconocer los logros de nuestros hijos y las características que los hacen diferentes del resto de los demás, sin excedernos.

Quien no se valora, no podrá hacer lo mismo con los demás, y en el peor de los casos permitirá abusos.

EMPATÍA

A lo largo del texto la he mencionado continuamente, pues es parte fundamental en las relaciones interpersonales.

Empatía es ponerte en el lugar del otro, es percibir lo que el otro siente y tratar de entenderlo. Una persona empática puede percibir el estado emocional de otro ya sea por sus actitudes, conductas, tono de voz. Guarda relación con la compasión, el amor al prójimo.

Este valor motiva a ayudar a tus semejantes cuando así lo consideras necesario, respondiendo de una manera adecuada a su necesidad, conflicto o necesidad.

AMISTAD

Inculcarle un afecto sincero por otras personas, generado a través de la convivencia, de la valoración mutua. La amistad es resultado de esa interacción personal con otros, basado en el amor, respeto, empatía, solidaridad, comprensión. Los amigos son personas que nos acompañan en todo momento, ya sea feliz o adverso.

Como padres debemos orientar y cuidar a los hijos de personas disfrazadas de amigos que solo buscan intereses personales. Sabemos que no podemos vivir a través de ellos, que debemos respetar su vida, pero que tengan conocimiento que estaremos cerca por cualquier eventualidad.

LA RESILIENCIA

La resiliencia es la capacidad de recuperarse de situaciones adversas y poder adaptarse a ellas. Son una serie de conductas y formas de pensamientos que pueden aprenderse y desarrollarse. No es una tarea fácil, sin embargo una persona resiliente aprende a aceptar la realidad tal cual es. Reconoce que la vida vale la pena vivirla a pesar de todo. Tiene una fuerza interior que le permite mejorar y salir adelante.

Quien es resiliente sabe regularse emocionalmente, es optimista pero aterrizado en la realidad, empático y asertivo.

HUMILDAD

Cada persona es especial, única, sin embargo jamás debe sentirse superior a otra. Una persona humilde conoce sus capacidades y debilidades. Valora a los demás, desde la perspectiva de que todos son iguales.

COMPROMISO

Enseñemos a nuestros hijos que la palabra tiene un gran valor y que lo que se promete debe cumplirse. Que para lograr los objetivos planteados, además de trabajo se requiere de responsabilidad. El deber es primero. Para ello será necesario: Definir qué hacer, llevarlo a cabo y sobre todo concluirlo.

Sin embargo, puede ser que en alguno de los momentos anteriores, existan dudas, tropiezos. Es ahí donde todo líder paternal deberá estar atento para apoyarles hasta el final. El liderazgo por tanto, es un trabajo continuo.

PACIENCIA

La paciencia en estos tiempos que se vive una vida acelerada, nos permite controlar impulsos, ser más tolerantes, de tal manera que tengamos la mente lo suficientemente despejada como para soportar y resolver de forma controlada situaciones conflictivas.

Una persona paciente, trabaja internamente para vivir en armonía, de forma equilibrada.

GRATITUD

La gratitud nos permite reconocer lo que los demás nos brindan ya sea material o no, apreciarlo y en última instancia poder devolverlo desinteresadamente.

Agradecer nos hace más considerados con los demás, lo importante es que realmente ese agradecimiento sea sincero.

ESFUERZO

Nuestros hijos deben aprender que todo aquello que desean requiere de trabajo, persistencia. Luchar por lo que nos planteamos como objetivos necesita de esfuerzo. ¿Qué es una fuerza interior? La voluntad, fuerza física, la motivación que impulsa a llegar a un fin aún cuando surjan condiciones adversas.

Educar en el esfuerzo transmite otros valores como: la disciplina, perseverancia, colaboración, control.

HONESTIDAD

Uno de los valores más importantes que debe poseer un líder. Un individuo honesto muestra equilibrio entre pensamientos, emociones, acciones y palabras, es una persona coherente en todos sentidos, que genera confianza.

Dichos valores constituyen entonces un marco de referencia para comprender el mundo y desarrollarse en él.

Estos procesos dada su importancia en el desarrollo de los hijos, requieren de un trabajo constante.

Es responsabilidad de los padres inculcar estos valores. Las instituciones educativas solo refuerzan lo aprendido en casa. Quitémonos la idea errónea que en la escuela se educa, delegando responsabilidades a los educadores.

Deben ser congruentes con lo que piden y enseñan a sus hijos consciente o inconscientemente. No se puede inculcar un valor cuando la conducta de los padres está muy alejada de lo que se exige.

La realidad nos muestra que existen tres factores que aplicados correctamente o no, marcarán su vida. Mencionaremos al amor como factor primario, la pobreza y la abundancia, que iré explicando a continuación.

T E M A 2

AMOR

ANÁLISIS PERSONAL

Los padres deseamos que nuestros hijos sean felices y que todas las circunstancias que están a su alrededor sean lo más óptimas, pero la realidad es muy distinta.

La vida nos enfrenta a diversas situaciones muchas veces difíciles, como pruebas que nos fortalecen o no.

Una persona que se sabe amada y aceptada sabe que no estará sola, pues sus seres queridos le acompañarán en estos procesos, lo cual le dará la fuerza para enfrentarlos. Nuestras palabras tendrán un lugar importante, estas deben ser congruentes con nuestros actos. Ese amor debe verse reflejado en el tiempo, atención y afecto que les dediquemos, lo que amortiguará posibles problemas, sobre todo en la adolescencia.

Todos deseamos amar y ser amados, pero realmente ¿nos hemos preguntado si sabremos dar lo mejor a nuestros hijos? Si seremos justos con lo que hagan, o los cubriremos por "amor".

El amor no debe ser malentendido, amar es aceptar a otro tal cual es, pero manteniendo los ojos bien abiertos sin que esto nos ciegue y se convierta en un elemento adverso en la educación y formación de nuestros hijos.

Si amo a mi hijo la formación que le brinde será para su mejora, haciéndole ver la manera en que sus actos benefician o no a otros, reconocer sus logros.

Durante una dificultad no guardar rencor, hablar y resolver la situación, es la mejor opción. De esa forma aprenderá a no engancharse.

Como padre entiendo que es natural sentir dolor por las situaciones difíciles que tengan que enfrentar nuestros hijos, pero la verdad es que no podremos evitarlo. Estaremos para apoyarlos, siendo nuestro deber como líder, guiarlos, acompañarlos con amor y firmeza. Al menos, eso sería lo más óptimo.

Todo se genera por el estilo de crianza que empleemos con los niños. No debemos confundir amor, con falta de límites o reglas.

Cuando los niños empiezan a tener uso de razón, tenga cuidado cómo y en qué condiciones les da amor. No les acostumbre a complacerlos en todo. Dar en exceso les hace inútiles, groseros, caprichosos, dependientes, enfermizos, inseguros porque saben que siempre estarán ustedes ahí para dar lo que piden y hacer todo por ellos sin que realicen esfuerzo alguno.

Forme a un niño, seguro, independiente que pueda enfrentar la vida. Hágalo por amor hacia él.

Como sugerencia, los primeros momentos para fortalecerlos serán cuando empiezan a caminar, pues deberán enseñarle que después de cada caída o golpe, debe incorporase y seguir adelante. Esto marcará la diferencia a lo largo de su vida.

No lo premie con comida, no fomentemos una gratificación emocional con alimentos. Evite que sus hijos tengan malos hábitos alimenticios, porque el problema está en la mente, en la programación que le dará.

Motíveles en el momento oportuno de manera positiva, ya sea por algún esfuerzo, un logro, buen desempeño escolar, logro personal, deportivo, etc.

Todos estos estímulos amorosos benefician su desarrollo emocional para que enfrenten exitosamente lo que se les presente.

T E M A 3

CARENCIA

ANÁLISIS PERSONAL

En la actualidad a consecuencia de las condiciones económicas, muchos padres se han visto en la necesidad de trabajar fuera de casa, lo que ha provocado sin darse cuenta, un abandono físico y emocional a los hijos.

Pero cuando no existe otra opción, la solución es brindarles tiempo de calidad y compensar la carencia de la presencia paternal.

En el caso de que la falta de atención sea persistente, se provoca un estado de vulnerabilidad que lleva a la búsqueda afectiva o de seguridad al exterior, y en consecuencia a la toma de malas decisiones.

Cuando se trata por otro lado, de la carencia de medios económicos para solventar el alimento, vestido, salud o educación, etc. Se genera inseguridad hacia el futuro, pues las oportunidades se van reduciendo.

Y si además se nace con la desventura de no tener a sus padres, el que elijan un camino inadecuado podría ser justificable dada la situación y su entorno, sin embargo, grandes hombres y mujeres han surgido del infortunio convirtiéndose en gente de bien y exitosa. Las necesidades les fortalecieron, convirtiéndose en oportunidades de crecimiento interior.

Otro fenómeno que se observa en las clases media y alta respecto a dinero, es la búsqueda constante de un mayor estatus, ese puesto que ocupa la persona en los grupos y en la sociedad a que pertenece.

Nuestra sociedad nos ha envuelto en un mundo consumista, arrastrando a gran cantidad de personas hacia el materialismo, quedando la parte afectiva de lado.

Nos crean necesidades inexistentes, se desea estar a la moda, tener lo último en tecnología, el mejor auto, etc. Centrando la atención en tener más que otros e impresionarlos o sentirse superior a ellos. Se enfocan en cuestiones superficiales que le apartan de un camino emocional exitoso.

Se quiere "impresionar con algo que no se tiene a alguien que ni siquiera le importa". La gente se endeuda para tener lo que no puede poseer, dedicando para ello horarios más prolongados de trabajo, restando a los hijos tiempo de calidad.

Estos padres remplazan afecto con cosas materiales. Muchos son criados con videojuegos frente a los cuales pasan largas horas, programando su mente con violencia y basura. No hay quien los supervise. Nunca podremos suplir el cariño o afecto con objetos.

Van moldeándose de esta forma, individuos inseguros, solitarios, con autoestima baja, resentidos, obsesivos a bienes materiales, al dinero (prohibido en las Sagradas Escrituras, **1Timoteo 6:10**), dejándolos a merced de gente sin escrúpulos.

Abramos espacios de comunicación, afecto, confianza, apoyo e interés en lo que les sucede. Hagámosles sentir que a pesar de nuestro trabajo, siempre contarán con nosotros incondicionalmente.

T E M A 4

ABUNDANCIA

ANÁLISIS PERSONAL

Como padres, pensamos en todo momento en darle lo mejor a nuestros hijos. ¿Pero qué tan beneficioso puede resultar? ¿En qué medida debe hacerse?

La diferencia estaría en equilibrar lo que brindamos. Algunos piensan que dar a manos llenas es lo más adecuado. Yo sería de una opinión contraria.

Los niños que viven en la abundancia bajo un liderazgo paternal no adecuado, son exigentes, mal educados, intolerantes, producto del sentimiento de culpa de los padres por su falta de atención en todos sentidos. No se les enseñó a ganarse algo por su propio esfuerzo, provocando lógicamente, que no valoren lo que tienen.

Los padres empoderan a los hijos volviéndose prácticamente un siervo ante ellos. Uno ordena mientras que el otro obedece. Lo peor de la situación es que piensan que en otros lugares pueden hacer lo mismo, nada más erróneo.

Como resultados formamos individuos agresivos, desafiantes que trasgreden la autoridad, egocéntricos (piensa que son el centro de todo), con baja tolerancia a la frustración, porque están acostumbrados a recibir lo que desean en el momento que decidan. No son empáticos, incapaces de aceptar sus errores y difícilmente se arrepienten de sus acciones, impulsivos. Las causas más comunes son la falta de autoridad y la permisividad.

Se necesita entonces, de un trabajo arduo teniendo usted en sus manos la posibilidad de evitarlo.

Edúquelos de tal forma que si les da algo, debe ser a cambio de haber realizado un esfuerzo u obtenido un logro, todo de acuerdo a la edad. De esta manera será valorado.

Cabe aclarar que lo ideal sería no recompensar una buena acción o actitud continuamente ya que de esa forma hablaríamos de premios y castigos. Cumplir con una responsabilidad, no requiere de esperar nada a cambio.

Los padres que dan todo a los hijos, buscan llenar las carencias afectivas. Cada objeto o regalo busca cubrir su culpabilidad. Lo material jamás podrá substituir un abrazo, una palabra de aliento.

La falta de afecto provoca que los jóvenes se relacionen en la escuela con compañeros con la misma problemática. Tristemente al considerarse un estorbo para sus padres, buscarán puertas falsas. Usted sufrirá las consecuencias como líder de crianza.

Mientras escribía sobre este tema, asistí a una corte suprema para investigar las causas que llevan a un chico a delinquir. En seis horas y media, en 90 casos estaban involucrados jovencitos de ambos sexos. Y al escuchar los relatos, pude corroborar que desgraciadamente un 50% estaban relacionados con lo que les he mencionado.

Padres, estamos a tiempo de modificar esa forma de crianza que permita ayudar a nuestros hijos a evitar estos fracasos.

T E M A 5

¿QUÉ ESCUCHAN ANTES DE SER ADULTOS?

ANÁLISIS PERSONAL

La música es uno de los aspectos de mayor impacto en la vida de los individuos. Es un modo de expresión, un espacio de relajación, tranquilidad, seguridad aunque también de rebelión, escape a conflictos. De ahí que se pueda observar a gran cantidad de chicos con sus audífonos en todo momento.

Ciertos estudios arrojan que la música preferida de los adolescentes son: el rock, pop, reggaeton.

Los jóvenes debido a su etapa de desarrollo, son influenciables. Les vemos a algunos de ellos usando la vestimenta de sus artistas favoritos, existiendo una identificación con los mensajes de su música, gestos, formas de conducirse, etc. Recibiendo diversos estímulos que se van grabando en la mente.

Lo importante es que el joven apoyado de sus padres, descarte información musical que pudiese afectarle en su vida. Ya que ciertas letras incitan a la violencia, son depresivas, denigran a la mujer viéndola como un objeto sexual, etc.

Un liderazgo paternal cuida la información que está recibiendo el subconsciente de su hijo. No tener cuidado, es ceder su mente a información y estímulos no siempre adecuados.

TEMA 6

EL REGALO DE LA COMUNICACIÓN

ANÁLISIS PERSONAL

La comunicación verbal es un regalo que nos brinda la oportunidad de expresar ideas, pensamientos, sentimientos que permiten relacionarnos con otros. La forma en que lo hacemos es nuestra carta de presentación, pues a través de ella mostramos nuestra calidad humana. Por tanto, a través de las palabras podemos construir relaciones interpersonales sanas o no.

En el diálogo existen tres elementos fundamentales: el emisor, el receptor y el mensaje. El emisor es quien transmite el mensaje, el receptor recibe la información y el mensaje es lo que se desea transmitir.

Esos mensajes pueden ser verbales o no verbales ya sea gestos, actitudes, tonos de voz, que pueden entorpecer o beneficiar un acto comunicativo.

¿Qué proyecta usted por primera vez cuando dialoga con otra persona? le comento algunos ejemplos:

- Cuando un hombre tiene un encuentro con una mujer, debe cuidar su vista, porque sus ojos dirán lo que su boca calla. De lo contrario se identificará como una persona irrespetuosa y poco confiable.
- Cuando conversamos con alguien que nos ignora o no presta atención, fácilmente nos daremos cuenta pues generalmente evaden el contacto visual, se enfocan en su móvil u otros aparatos tecnológicos, mientras intentamos comunicarnos. De

estas personas es mejor alejarnos, su falta de interés y respeto es evidente.

- Si alguien desea hacerlo partícipe de algo deshonesto, tenga cuidado, no le diga que está equivocado, deje que se exprese con confianza, finalmente se descubrirá tal como es.

- Hablar mal de una persona ausente, es golpearla verbalmente por la espalda sin que su víctima vea a su agresor y pueda defenderse. Este es un veneno de las relaciones interpersonales. Las personas que padecen de este mal, van siendo identificadas rápidamente y quienes platican con ellas, saben que serán la próxima víctima.

- Mentir. Algunos acuden a la mentira como un método seguro de lograr u obtener algo. Esto suele suceder en aquellos hogares donde las mentiras son muy comunes.

Los padres fomentamos que nuestros hijos mientan, por ejemplo: Cuando, al sonar el teléfono pedimos que contesten y les mencionamos que si es para nosotros digan que no estamos en casa. Se miente ejerciendo un liderazgo charlatán. Vamos formando personas sin calidad moral.

Un verdadero líder es aquel que limpia su espejo, para que sus hijos sean reflejo de sus enseñanzas. Educar con buenos ejemplos los aparta de una vida deshonesta.

Ser lo más claros en lo que deseamos comunicar, evitará posibles malos entendidos con quienes convivimos en todos los ámbitos de nuestra vida.

T E M A 7

MUESTRE BUENOS EJEMPLOS ESPIRITUALES

ANÁLISIS PERSONAL

Hablar sobre temas relacionados a la espiritualidad nos hace poner un escudo protector que evite que nuestras creencias religiosas sean dañadas. Respetando su credo religioso, tomen aquello que sirva para fortalecer las bases de educación de sus hijos adaptándola a sus creencias.

Cabe aclarar que toda fe espiritual tiene como fin el amor, el bienestar y la paz interior del individuo.

Como padres, no solo debemos tener como meta que nuestros hijos sean exitosos académicamente. Educar a los hijos en la espiritualidad depende de los padres en el hogar, a partir del ejemplo.

Educarles espiritualmente les permitirá caminar una senda de rectitud toda su vida, para que sus decisiones sean siempre productivas. Siendo una persona con principios, valores y exitosa en donde se desarrolle.

Es necesario enseñarles todas las formas en que nuestro creador nos manifiesta su amor cada día. A partir de lo anterior, enseñe a sus hijos a agradecer todo lo recibido: Desde poder despertar cada día con la posibilidad de ser mejor, tener alimentos sobre la mesa, un techo, etc.

La vida espiritual debe tener por tanto, a la palabra de nuestro Creador como base de nuestra vida, lo que traerá equilibrio y paz interna a cada persona por ello edúquelo para:

1. Leer su palabra.
2. Entenderla.
3. Ponerla por obra.
4. Poner a nuestro creador en primer lugar.

TEMA 8

EL PELIGRO DEL USO DE LA TECNOLOGÍA EN LA EDAD ESCOLAR

ANÁLISIS PERSONAL

En el Siglo XXI la tecnología, el acceso a la información de todo tipo, acceso a diversas redes sociales, han tenido un gran despunte impactando en la sociedad, principalmente en niños y adolescentes.

Un aspecto negativo que constituye un gran peligro, es la dependencia que se ha generado por ella (teléfonos móviles, reproductores de música, juegos de vídeo portátiles, computadoras, tabletas, etc.). Estos aparatos son considerados prioritarios en su vida.

Es alarmante la adicción a las redes sociales, es tal la necesidad de ser aceptados, que muchos jóvenes aceptan indiscriminadamente en redes sociales solicitudes de amistad de personas que ni siquiera conocen. Volviéndose así blanco fácil de gente sin escrúpulos, exponiéndose también al ciberbulling (acoso o ataques personales en la red), al mostrar su vida privada como una pecera de cristal.

La tecnología se convierte además, en uno de los elementos distractores fundamentales a la hora de hacer los deberes escolares.

Pero su abuso va más allá pues además puede provocar: problemas de audición a futuro al escuchar en volumen alto su música, depresión, aislamiento, sobrepeso debido al sedentarismo, trastornos del sueño, ciberadicción, problemas oculares (de la vista), así como la poca o nula interacción con los demás.

Lo anterior demuestra que los padres se enfrentan al hecho de que al educar a sus hijos en la edad escolar, son estos últimos quienes tienen mayor información de ciertos temas, que ellos. La vigilancia debe redoblarse. Muchos pueden desviar su camino en esta etapa, si no ponemos atención.

A continuación explico tres aspectos que como padres, debemos considerar durante la formación de nuestros hijos:

I) LA ALIMENTACIÓN

La mayoría de los alimentos considerados nutritivos están compuestos por hormonas, provocando con su ingesta, un aceleramiento en el proceso de desarrollo en los niños y desestabilidad emocional temprana.

La activación de sus hormonas se ha adelantado prematuramente hasta 5 años de su tiempo normal, por esta razón por ejemplo: Las niñas tienen su primer experiencia menstrual entre los 8 y 9 años.

Estos productos se comercializan legalmente pues están bajo una supervisión alimenticia y no abundaremos más en el tema, pero el consumidor tiene el derecho de saber que puede alimentar a sus hijos con productos 100 % orgánicos, que permitan que los procesos de cambio físico se den en el tiempo adecuado.

II) MENTE SANA

Una mente ocupada libre de pensamientos ociosos, es una mente sana. Permitir que se desarrollen en el área que más les guste, ya sea en el deporte, música, arte, etc. Evitará que canalicen su energía en acciones productivas.

Los padres deben ser sensibles a las preferencias, aptitudes que muestran sus hijos y potencializarlas.

Puede ser que no estemos totalmente de acuerdo con esas preferencias, porque puede ser peligroso o simplemente porque no nos gustan y por ello tratemos de frenarlos. ¡Eso es un error! Porque no existe algo más que les mantenga la mente ocupada, que aquello que les atrae de corazón.

También puede ser que no se cuente con las posibilidades económicas y eso se puede hablar con ellos, pero no es recomendable que descalifiquemos sus intereses. Busquemos alternativas para apoyarlos.

Es cierto que algunos deportes o actividades son peligrosos pero es más peligroso que otras situaciones ocupen su mente y desvíen su camino.

Recordemos que los grandes atletas, artistas etc., llegaron a ser lo que fueron o son, porque amaban lo que hacían y se esforzaron por alcanzar sus sueños.

III) CUERPO SANO

Hormonalmente sufren cambios que los desestabilizan física y emocionalmente. La relación afectiva, de confianza que se establezca con ellos, será determinante para guiar sus pasos.

En esta edad desean encajar en su círculo social y ser aceptados por sus amistades, no importando muchas veces sus ideas, inclusive su salud. Asisten a reuniones o fiestas donde un porcentaje elevado de ellos están expuestos a bebidas alcohólicas, drogas u otro tipo de excesos.

Las posibles consecuencias: Adicciones, delincuencia, accidentes automovilísticos, enfermedades de transmisión sexual, etc., que desviarán su camino.

CAPITULO 3

EN LA ADOLESCENCIA

ANÁLISIS PERSONAL

La adolescencia es un período del desarrollo del individuo fundamental, caracterizado por los múltiples cambios a nivel físico, psicológico y social.

Los jóvenes empiezan darse cuenta que su cuerpo va cambiando, sus emociones se encuentran en un vaivén, tienen por tanto cambios drásticos de ánimo con su respectiva dificultad para autorregularlos.

Muestran incapacidad de razonar fácilmente todo el cúmulo de transformaciones a las que se enfrentan.

Es el momento en que empieza una búsqueda interna y autoafirmación como persona. Aparece la rebeldía, así como la crítica a todo lo que había sido base de su formación, todo como parte de saber quién es, a dónde va, es decir, va conformando su personalidad.

Periodo donde es altamente influenciable por su entorno, las personas que en él se encuentran y atraen su atención. De ahí la alerta de precaución para tutores y padres, para evitar que esa vulnerabilidad no se convierta en motivo de problemas a nivel salud, emocional o social.

El adolescente necesita la aceptación constante de los demás, predominan la inseguridad e incertidumbre sobre sí mismo, de su futuro. Aunque también es él quien desea solucionar todo lo que le pasa.

Pasan mucho tiempo a solas, en estados de sensibilidad muy altos, cambiantes e incluso contradictorios. La balanza emocional siempre se encuentra en los extremos. Existe una tendencia a buscar afectos, amigos en quienes confiar lo que no pueden a otros. Precisamente porque esa inseguridad les hace pensar que nadie los comprende.

No es fácil llevar una revolución interior sin saber cómo resolverla.

Como lo he mencionado anteriormente es determinante el papel de los padres en estos momentos de inestabilidad de los jóvenes. Necesitamos ser tolerantes, pacientes y con la mente lo suficientemente abierta para entender esos procesos, acompañarles en todo momento aunque seamos rechazados. La labor será entonces a discreción, sin dejar de estar presentes.

Lo que suceda en este período, marcará el futuro. De a poco y con base a las experiencias que vaya teniendo, empezará a comprender por tanto, valores y principios.

Desean ser independientes, pero en el fondo tienen miedo y necesitan ser acompañados en ese proceso.

Responsabilidades en casa

Una de las dificultades más frecuentes a las que se enfrenta los padres en casa, es que los adolescentes no desean cooperar en las labores domesticas.

En todo hogar siempre existen muchas actividades por realizar. Un adolescente independientemente de las tareas de la escuela, al ser parte de la familia y al vivir en casa, debe tener responsabilidades en ella.

Se les involucra concientizándole en la importancia de la colaboración y ayuda mutua. Bases que los fortalecerán para enfrentar los retos de una vida independiente en la edad adulta, bajo una conciencia de solidaridad, trabajo colaborativo.

No con ello quiero decir que se le den trabajos excesivos, pues como estudiantes, deben realizar los deberes escolares. Lo que se sugiere es que el líder de familia asigne tareas a cada integrante (según su edad y condición) para que el trabajo sea compartido. De tal modo que además de la responsabilidad, vaya integrando un sentido de justicia. Para cada uno aprenda que todo engrane es importante en el buen funcionamiento de todo mecanismo.

T E M A   1

CÓMO AYUDARLES EN SUS TAREAS

ANÁLISIS PERSONAL

Todo padre y madre interesados en la educación de sus hijos les apoyan desde pequeños en sus tareas escolares, pero al correr del tiempo deben ir minimizando esos espacios de ayuda. Se les guía y brinda apoyo moral o material si así se requiere.

Los momentos para las tareas escolares benefician en tres aspectos: ayudan a reforzar los conocimientos brindados en la escuela, una oportunidad de convivencia padres-hijos y su involucramiento en su educación.

En este sentido, recuerde que las tareas son responsabilidad de sus hijos, ¡jamás de ustedes! La intención en primer término es permitir que su mente se esfuerce cada vez más, y en segundo lugar que enfrente retos por sí mismo, sabiendo que en algún momento contará con su apoyo si la situación le rebasa.

No todos los padres están preparados para dicha ayuda en grados escolares más avanzados, en el caso de que hayan truncado sus estudios. No quiero decir con ello que no se interesen o les brinden apoyo. Cada uno lo hará en la medida de sus posibilidades, pero la mayor responsabilidad será de sus hijos.

Los jóvenes que crecen en un hogar donde les solucionan todo, difícilmente concluirán sus estudios. Las responsabilidades en niveles más altos requieren de más trabajo y dedicación. Ustedes no siempre estarán ahí. Una ayuda excesiva, les limitará tanto, que el estudio les frustrará a tal grado que puede sobrevenir el abandono escolar. O en su defecto siempre buscará quien le solucione todo a cualquier costo.

Como padres debemos guiarles hasta que puedan tomar el volante de su propio destino y evitar perderlos en el camino, pero con el objetivo de que cumplan sus deberes, valoren lo que realizan, así como el apoyo recibido. Que sepan que para lograr lo que se proponen, se debe trabajar y ser disciplinados. Lo que ayudará a que paulatinamente tomen sus propias decisiones, trabajen en ellas y las concluyan.

T E M A   2

UNA GUÍA PERMANENTE

ANÁLISIS PERSONAL

La misión de los padres no termina cuando los hijos crecen, pues a medida que pasa el tiempo aunque sean dueños de sus actos, un verdadero líder paternal seguirá vigilante.

En el entendido que ya no son unos niños, la relación se transforma, la meta será el respeto mutuo. Delimitando los límites para evitar posibles conflictos o malos entendidos.

En el transcurso de mi vida escuche a muchas personas decir que para ellos sus hijos seguían siendo sus pequeños aun siendo mayores de edad. Imagino que se debe a ese lazo afectivo forjado desde la infancia. Sin embargo, el acompañamiento es diferente. Los consejos serán muestras de cariño pues finalmente las decisiones serán de ellos. Confíen en las bases que han construido juntos.

Pero en el caso contrario donde no ha existido un liderazgo positivo, podemos toparnos con actitudes de los padres que en nada benefician a los hijos y a continuación comento las siguientes:

No modificar experiencias negativas de la educación recibida

El problema radica en que los padres que vivieron bajo estilos de crianza negativos, reproducen patrones de los que nunca se libraron. Cuántas veces no hemos escuchado decir: - "Ese trato doy a mis hijos porque así me educaron"-. Esta es una posición negligente, pues sino estuvo de acuerdo con esa forma de educación, el trabajo interno nos llevará a modificarlo en beneficio nuestro y de los que están a nuestro alrededor, más sabiendo que provocó dolor.

Formas inadecuadas de corregir

Corregirlos a través de palabras hirientes como: -"Deja de ser un niño y actúa como un adulto"-lejos de ayudar, les restan autoestima. Esas descalificaciones las emplean aquellos padres que consideran que solo es correcta la forma como ellos actúan y piensan.

Podemos dar sugerencias por nuestra mayor experiencia, siempre y cuando así nos lo soliciten. El apoyo siempre será bajo la base de respeto. De lo contrario, lo único que logrará, es alejarles de su vida.

T E M A   3

SIEMBRE PRINCIPIOS DE PROSPERIDAD (LAS FINANZAS PERSONALES)

ANÁLISIS PERSONAL

Al vivir en una sociedad capitalista, es nuestro deber enseñar a nuestros hijos para qué nos sirve el dinero en nuestra vida.

Podemos comentarles que gracias a él, satisfacemos necesidades básicas como el alimento, vestido, salud, educación, pago de servicios, etc. También las recreativas, gustos. Fomentando siempre el compartirlo con otros y ayudar a quien lo necesita.

Que conozca que es importante para que la subsistencia sea menos difícil. Aclarando que no es la única fuente de bienestar, pues existen otras que nos proporciona felicidad no material, como la compañía de otros o lo que se relacione con valores que compartimos en sociedad.

El tener puede ser algo temporal, me refiero al dinero. No así, respecto a lo que se tiene de dignidad, valores, afectos.

Se debe estar consciente que tener dinero es como entrar a la rueda de la fortuna, puede darse la situación de que estés abajo o viceversa, por ello es importante también prevenir cualquier situación ajena a nosotros.

El adecuado uso de los recursos económicos con una base de principios y valores, no solo traerá una prosperidad en dinero, sino a nivel interior. Para ello se debe ser honesto, responsable y comprometido, logrando así una administración de recursos adecuada. Se necesita entonces como en toda educación, un buen ejemplo.

Según encuestas, el 95% de la población cuenta con un bajo porcentaje en sus finanzas económicas. No existe una educación financiera y de prevención a situaciones de emergencia.

Algunas religiones enseñan por conveniencia que el dinero es malo, manifestando que para entrar al cielo se tiene que ser pobre, porque nuestro padre eterno envió a su hijo pobre a la tierra. Aclaro que nuestro Mesías no era pobre, era humilde lo que es muy diferente.

Uno de los versos que educan para la prosperidad claramente se encuentra en primera de **Timoteo 6:10** «Porque raíz de todos los males es el amor al dinero. El dinero no podemos calificarlo como bueno o malo, más bien la manera en que se emplea refleja la calidad humana del dueño. Pues para muchos el dinero representa poder. Esto muestra una educación sin principios de prosperidad financiera.

Un rico ama el dinero y lo único que desea es incrementar su riqueza acosta de todo. Su ambición lo lleva incluso a conseguirlo pisando a otros. El próspero a diferencia, viene formado sobre principios divinos, es disciplinado e instruido desde muy pequeño. Concibe a la prosperidad no solo desde el punto de vista económico. La percibe también como bienestar, tranquilidad, salud, felicidad, amor.

En **Mateo 22:17-21.** Menciona que debemos cumplir con las leyes del gobierno en la tierra con los impuestos, cuanto más para darle a él lo que le pertenece, el 10% para que sea bendecido y próspero **Deuteronomio 14:22** y en **Levítico 27:30**.

Debemos reprogramar nuestra mente y dejar de lado que se necesita ser pobre para ser prospero espiritualmente. El dinero no es malo, el mal uso y el comportamiento inadecuado es lo que hace la diferencia.

¿Cómo sembrar principios de prosperidad en los hijos?

Proporcióneles tres recipientes o alcancías: La primera destinada para ahorros, la segunda para un 10% (diezmo) cumpliendo con una ley divina, y la tercera como un depósito de emergencia o gastos. Depositando en cada uno de ellos a la vez.

De esta manera la mente del individuo, le programa hacia un óptimo desarrollo financiero.

Ahorros   **Diezmos**   **Gastos de emergencia**

Así empezamos a trazar un camino no solo hacia una prosperidad financiera, sino acompañada de una interna.

Quienes no tengan una educación financiera, es más probable que estén a merced de malas decisiones que le provoquen muchos dolores de cabeza y problemas en el bolsillo.

Si por algún infortunio de la vida alguien perdió su capital, gracias a estos buenos principios, alrededor de cinco años puede recuperarse nuevamente.

En caso de que por alguna razón alguien obtuviera una fuerte cantidad por ejemplo, si ganara la lotería, a los cinco años vuelve a quedar como estaba sino lo administra eficazmente.

T E M A   4

NO EMPOBREZCA SU AUTOESTIMA

ANÁLISIS PERSONAL

Los padres son la fuente de confianza, aprecio y seguridad de los hijos cuando ejercen un liderazgo positivo. Son los primeros en evaluarles, pero también en aceptarles como son, para guiarles en su proceso de autoconcepto (la imagen que se tiene sobre sí mismo, en cuanto a características físicas, sociales, etc.). Mismo que se va construyendo en la medida que se van reconociendo las capacidades y se dan las interacciones con los demás. De ahí su importancia.

En la medida que se reconozcan las cualidades, se acepten las debilidades como áreas de oportunidad a mejorar y no como errores a señalar, se podrá fortalecer la autoestima (valor/aprecio que se tiene uno mismo) fundamental en el desarrollo emocional de todo individuo.

Por tanto autoconcepto y autoestima sin ser iguales, van tomados de la mano. No puede entenderse uno sin el otro. Una guía positiva favorecerá la construcción de ambos.

Procuremos en todo momento educar con firmeza, amor y disciplina. Ser cuidadosos con nuestras conductas, actitud o falta de conocimiento, pues podemos afectarles emocionalmente.

Menciono a continuación tres motivos fundamentales en la crianza que producen situaciones negativas en la educación de los hijos:

1. Una mala actitud cuando se les reprende o corrige
2. La forma inadecuada para resolver un conflicto entre hermanos.

3. Poca tolerancia a los errores

Una mala actitud cuando se les reprende o corrige

Todos pasamos por situaciones de inestabilidad emocional provocados por el estrés, problemas económicos u otros motivos, que provocan que no siempre estemos de humor o con una buena actitud.

Corregir a un hijo en estas circunstancias, daña su autoestima. Usar palabras hirientes quedará para toda la vida. Y peor aun cuando la corrección se hace en público. Sus padres destruyen su imagen quedando emocionalmente lastimados.

La forma inadecuada para resolver un conflicto entre los hijos.

En la privacidad del mundo familiar suceden desavenencias entre los integrantes, donde los padres harán valer las reglas establecidas en ese hogar.

Resolver un conflicto no es señalar culpables, es encontrar soluciones. Tomar acuerdos donde ambas partes se hagan responsables sobre las consecuencias de sus actos o palabras, basados principalmente en el respeto. Para ello es importante escuchar las versiones de cada involucrado, sin beneficiar a uno más que otro. La justicia jugará un papel preponderante en esta situación.

Poca tolerancia cuando cometen errores.

La paciencia y comprensión son dos elementos fundamentales en la formación de los hijos que debiera tener todo padre o madre. Comprenderlos en medio de un problema da lugar a que en momentos parecidos, actúen respondiendo con sensatez, porque es el ejemplo que usted les ha dado. No hay nada como resolver un conflicto de manera pacífica a través del diálogo.

La inestabilidad en momentos de corrección ciega el entendimiento y la comprensión. Cuide sus palabras, habiéndolas pronunciado no podrán borrarse.

TEMA 5

EL TRATO A UN HIJO

ANÁLISIS PERSONAL

El cariño que los padres damos a los hijos debiera ser sin establecer ninguna diferencia. Son como los dedos de la mano: ninguno es igual, cada uno es especial. De acuerdo a eso, la educación no debe condicionarse por el género, tiene que ser equitativa.

La forma en que les hemos educado o no, se verá en su comportamiento ya sea en sociedad, en casa, la escuela etc. Son los hijos el reflejo de un liderazgo de educación paternal.

En el caso de los varones se piensa que por naturaleza son recios desde pequeños. La realidad es que son más rebeldes o dominantes por naturaleza, sin embargo, somos los padres quienes podemos con nuestra guía canalizar estas conductas.

En las familias de condición machista, se privilegia el trato al varón. Representa la perpetuidad del apellido del padre, quien lo educa a su semejanza, exaltando su condición masculina por encima de la mujer, ellas deben atenderlo, él solo debe recibir y no participar de las tareas en casa, no pueden permitir que una mujer le dé una orden pues muestra debilidad, etc.

Todas estas formas de crianza, los convierte en seres dominantes, intolerantes, reservados, indolentes, inexpresivos, poco afectivos, violentos o misóginos (considerar a la mujer como objeto, sin derechos, sin valor). Un hombre machista no nace, se educa para serlo.

Se llegará el día en que por circunstancias de la vida, padre e hijo sostendrán un diálogo, ¿podrán comunicarse si le han educado para tener la razón en todo momento?

La tarea de los padres es la formación de los hijos para que se integren a la sociedad de la manera más óptima en su relación con los demás, bajo una equidad de género.

Hágale ver que hombres y mujeres tienen los mismos derechos, las mismas capacidades, que el varón también puede darse el permiso de expresar sus emociones, que todos requieren de apoyar en las labores de casa porque son parte de una familia donde cada integrante colabore en beneficio de todos, los juguetes pueden ser usados por ambos sexos pues la finalidad de ellos es que se diviertan, exploren.

Los intereses de los sexos pueden ser muy distintos, existen niñas rudas y chicos más sensibles, sin embargo no por eso deben ser etiquetados. Se necesita respetar las diferencias.

T E M A 6

EL TRATO A UNA HIJA

ANÁLISIS PERSONAL

En mi niñez tuve la experiencia de crecer en una familia numerosa de hombres y mujeres, viviendo cada etapa la manera en que fuimos corregidos según nuestro sexo. Como líder reflexione sobre esas prácticas para no repetir patrones que afectaran a mis hijos.

La experiencia de criar y educar una familia con pequeños de ambos sexos es maravillosa, pero lo es más cuando conservas su cariño hasta su edad adulta.

En lo referente a las mujeres, éstas se inclinan afectivamente más hacia el padre. Cariño que se irá fortaleciendo a través de la comunicación, respeto, dignidad a su género, comprensión, tolerancia, equidad.

Deseo compartirles que cuando mis hijas eran pequeñas, muchas veces las sorprendí buscando en la bolsa de mano de mamá un labial. Lejos de regañarlas, les aplicaba débilmente en sus labios, explicándoles que cuando fueran mayores yo les compraría uno. Al final nunca les lastimé, pues simplemente reproducían una conducta de su madre.

Todas las mujeres al experimentar transformaciones físicas y fisiológicas durante la adolescencia, sufren a la par cambios emocionales. Provocando que padres poco tolerantes las tratan mal. Lo único que necesitan es paciencia y comprensión en esa etapa de crecimiento, que sabemos no es fácil.

Desgraciadamente en algunos casos, por el llamado machismo y su condición femenina, reciben malos tratos que van desde los psicológicos, físicos, etc. Razón por la que abandonan su casa tomando decisiones inadecuadas, poniéndose en manos del fracaso, arriesgando incluso su vida.

Sea cuidadoso con el trato que les da, evitemos que tomen decisiones equivocadas o arrebatadas, no las arrojemos a una vida de perdición.

Con base a estadísticas, las mujeres son un sector de la población con mayor índice a ser víctimas de violencia y abuso sexual.

Respetemos sus diferencias, motivémoslas a reconocer sus logros, capacidades, en un ambiente de respeto, tolerancia, para que formemos a una mujer capaz y exitosa en todas las áreas de su vida.

No olvidemos que con los cambios en la sociedad, ambos sexos deben compartir igualdad de derechos y obligaciones bajo un liderazgo paternal justo.

TEMA 7

CUIDE A SUS HIJOS

ANÁLISIS PERSONAL

Cuando existe una inestabilidad emocional en el individuo, los signos pueden ser muy visibles: puede pasar de la tristeza al enojo fácilmente, estar ausente etc., conductas que nos indican que algo está sucediendo. Si eso sucede en la etapa escolar, podemos percibir que se avecinan problemas.

En el caso de una joven dañada desde su niñez, durante la adolescencia y por si fuera poco, en la escuela, es inevitable saber cuál será su futuro. He aquí cómo identificar las razones que hacen peligrar esa estabilidad emocional en una adolescente durante la etapa escolar y sus posibles consecuencias.

1. Amistad con compañías conflictivas.
2. Ilusionarse con el sexo opuesto.
3. Madres solteras.

1. *Amistad con compañías conflictivas*

Si les brindamos atención y tiempo para dialogar con ellos, podremos saber qué hacen y a quiénes frecuentan. De esa manera, se dará cuenta qué clase de ideas tienen o comparten, ya que tarde o temprano esa influencia le afectará en su conducta y vida. Siempre respetándole, porque de lo contrario no logrará gran cosa. De no hacerlo, en momentos de discusión, escucharemos posibles reclamos como el siguiente: -"pero ustedes no me escuchan y no me hacen caso"-. Evite estos momentos. Recuerde que siempre buscarán fuera lo que no reciben en casa. ¡Mucho cuidado!

2. Ilusionarse por el sexo opuesto

Cuando se interesan por el sexo opuesto es común verles pensativos, distraídos, situación que notan los profesores porque pueden tener bajas calificaciones, las mujeres invierten más tiempo frente al espejo. Los cambios de conducta son evidentes, incluso pierden el apetito. La mayoría de los padres se dan cuenta demasiado tarde.

3. Ser madre soltera.

Durante una década ayudé a muchas madres solteras, pudiendo observar que quien forma un hogar conyugal prematuramente, lo concluye pronto. Casi siempre estas uniones fugaces surgen durante el periodo escolar. Resultando más afectada la mujer, por los embarazos tempranos. Estas jovencitas son abandonadas y son ellas quienes tienen que enfrentar la responsabilidad de su maternidad.

La mujer que vive esta problemática tiene una baja autoestima. Difícilmente puede confiar en los demás, principalmente si de hombres se trata.

Son víctimas del acoso de la sociedad polígama e inmoral, de críticas, descalificaciones. Al final terminan sintiéndose víctimas de todos los hombres. El daño puede ser tan profundo que al rehacer su vida lo hacen obligadas por ciertas necesidades más no por un compromiso del alma.

Estas problemáticas tienen su origen dentro de la familia, no lo olvide.

T E M A 8

REFUERCE SUS ÁREAS DÉBILES

ANÁLISIS PERSONAL

Son contadas las personas que trabajan en sus áreas débiles para ejercer un liderazgo exitoso en su vida. Se menosprecian o ceden a otros esa responsabilidad, como por ejemplo las personas que piden dinero o comida en las calles estando en perfecto uso de sus facultades físicas y mentales.

Un líder fracasa cuando no se está dispuesto a hacer un esfuerzo por sí mismo y en consecuencia por nadie más.

El primer obstáculo a enfrentar es la programación negativa, quien rompe con lo anterior podrá cosechar los frutos del éxito.

El segundo, el poco valor al matrimonio, y en este sentido no siempre se está preparado para formar uno. Muchos actúan impulsados por sus instintos y emociones. Por esta razón al corto tiempo surge un rompimiento sin importar el daño que se ocasione en alguno de los cónyuges o en los hijos si los hubiera.

Lo ideal sería unirse estando lo suficientemente maduros, con una buena autoestima, para tomar decisiones que permitan conservar esa relación, valorándose uno al otro. Brindando tiempo de calidad a la pareja e hijos. Sin dejar de lado el esfuerzo por mejorar también su economía ya sea en el trabajo, negocio o empresa. Detectar sus áreas débiles, para que esa familia sea prospera y exitosa.

CAPITULO 4

LIDERANDO AL 100%

La esencia del hombre y la mujer, desde la creación divina, fue formada con tres elementos: cuerpo, alma y espíritu.

Explico a continuación:

Cuando un ser humano deja de existir, el cerebro y los cinco sentidos (gusto, tacto, oído, olfato, vista) dejan de percibir, porque el alma se apartó del cuerpo y del espíritu. Les es imposible experimentar emociones, dolor, pensar o tomar decisiones, porque hubo una separación de elementos y por esta razón uno de ellos al no tener vida deja de tener deseos, descomponiéndose poco a poco hasta unirse a la naturaleza. Estaríamos hablando del cuerpo, porque su materia es la carne.

El alma, por otra parte, es un regalo Divino que existe cuando el cuerpo tiene vida. Es el que experimenta emociones y dolores relacionados con ellas como: la muerte de un ser querido, una decepción amorosa, así como la emoción sexual, ya que alma y vida están en la sangre **Levítico 17:11.**

El alma puede llevar a dos caminos: el de la vida eterna y el de la condenación.

En vida decidimos el camino del alma de acuerdo a nuestros actos aquí en la tierra. Reconozca que tenemos un regalo divino que es el alma y un préstamo que es el espíritu de vida. Entonces al morir se separan estos tres elementos, el alma al camino que se le designo en vida, el cuerpo se une a la naturaleza de esta tierra, pero el espíritu regresa con nuestro creador. Lo dice en **Eclesiastés 12:7**. Esto viene siendo el soplo de vida, que prestó nuestro creador al inicio de la creación. Esto se refiere cuando decimos que "tenemos la vida prestada".

El espíritu es por tanto, un distintivo divino que comprueba a quien le pertenece nuestra alma y de dónde venimos.

Por esta razón la gráfica que verá a continuación muestra el éxito terrenal por la disciplina de estos tres elementos, ya que para ellos mostramos quiénes somos y como nos comportamos en todas las actividades de nuestro diario vivir.

Realice un análisis de su persona y reconozca que clase de programaciones trae desde su niñez o en qué áreas necesita educarse. Todos somos seres temporales aquí en esta vida con aspecto físico y material, la educación y disciplina de estos tres elementos nos hace diferentes ante las demás personas porque es una educación más interna que una educación secular, ya sea por voluntad propia o por otra razón, y como ya se explicó, a través de nuestras decisiones si se quiere realizar un liderazgo genuino.

A continuación pasemos a la escala número 1:

ESCALA 1

LIDERAZGO 1%

Toda persona dispuesta a realizar sus sueños deberá enfrentarse a los instintos y deseos de su cuerpo (carne). En esta escala hablaremos de los más comunes: El alimento y la energía sexual, porque al ser una obra Divina, fuimos creados con estas necesidades para la vida.

Cuando se disciplina la carne siguiendo el manual divino de nuestro creador, mediante un trabajo interior basado en honestidad, fidelidad, integridad y respeto, logramos el éxito.

Bendecida la unión bajo un mandato divino y saciados sus deseos carnales, continúa un compromiso conyugal de apoyo mutuo. Todo buen liderazgo inicia en el matrimonio.

Si observa la primera escala notará que la pareja viene acompañada de un hijo, como descendencia de esa unión. Un liderazgo honesto y genuino se manifiesta al ayudar a sus liderados a obtener sus metas. **Mateo 15:14**. Implica también trabajo, perseverancia pues en esta vida nada es gratuito y el líder lo sabe.

En cada etapa todo matrimonio, requiere de una preparación hacia el equilibrio. Le sugiero la lectura del libro "Unidos para toda la vida" de mi autoría, donde justamente muestro como caminar juntos hacia el éxito.

A continuación pasemos a la escala número 2:

Escala 2 ✓
Liderazgo 12%

Escala 1
Liderazgo 1%

ESCALA 2

LIDERAZGO AL 12%

Todo individuo nace para triunfar, pero puede darse el caso que lleguemos a estacionarnos en nuestra zona de confort.

Cuando eso sucede, es la misma vida la que se encarga de ponernos las pruebas necesarias para hacer cambios y crecer en lo individual. Con resultados que se verán reflejado en nosotros y nuestro entorno.

Una muestra de lo que provoca esa comodidad, se ha visto incluso en experimentos con animales. En uno de ellos se depositaron ranas en recipientes con agua, misma que iba aplicándoles calor lentamente, de tal manera que su cuerpo iba adaptándose a la temperatura sin buscar escapar. Pero a medida que iba incrementándose, saltaron fuera rápidamente para salvar su vida. Concluyendo que incluso los animales aprecian la comodidad, pero cuando ya no lo tienen, buscan una salida.

De ahí que para dar un salto hacia la prosperidad y éxito se requiere de sacudirnos la conformidad.

Algunos factores que empobrecen al individuo y constituyen un obstáculo hacia el éxito son:

1. Mala actitud.
2. Malos hábitos verbales.
3. Autoestima, subestima y sobrestima.

Veamos cómo cada uno desacredita a un líder.

MALA ACTITUD

Un líder con una mala actitud lastima con palabras, acciones, desea en todo momento ejercer un control o abusar de su poder. Nadie desea obviamente, convivir con una persona áspera y de mal humor.

Comprobado está que personas de ese tipo tienen una vida corta al padecer de muchas enfermedades, pues el cuerpo somatiza el desequilibrio emocional. En consecuencia no solo se ven afectadas las relaciones que establecemos, sino que vendrán acompañadas también de repercusiones en nuestra salud.

MALOS HÁBITOS VERBALES

Los malos hábitos aseguran un fracaso al ser un mal ejemplo, pues son recibidos fácilmente por una mente pobre.

Si lleva un liderazgo a un nivel 12%, los seguidores irán perdiendo confianza en un líder poco congruente entre lo que pide y lo que realmente hace.

Respecto a los hábitos negativos, uno de los más comunes desafortunadamente es la *crítica*. Evite las descalificaciones, esta forma negativa de comunicarnos perjudica nuestras relaciones sociales, necesitamos disciplinar la lengua para que no sea un arma que aniquila la autoestima de quienes se tiene alrededor, su imagen y la propia.

Vivir un comportamiento pobre convence a la mente de aceptarlo, aniquilando toda posibilidad para triunfar.

AUTOESTIMA

Los padres construyen o no la autoestima de los hijos a través de sus estilos de crianza, propiciando una subestima o sobreestima, ambas nocivas para una superación personal.

La subestima declara una pobreza personal que impide sobresalir, que se refleja en lo financiero. La persona con esta característica es poco interesada en lo que realiza, difícilmente concluye lo que empieza. Se conforma con un trabajo de bajo perfil, atraen a personas que tienen la misma manera de pensar. Quienes de no enfrentarse a su realidad y modificarla a través del esfuerzo, jamás llegarán al éxito.

Las personas con sobreestima por otro lado, tienen la idea errónea que valen más que los demás, dan todo crédito a su fuerza física, conocimiento, apariencia. Carentes de escrúpulos no les importa pisar a otros para lograr sus objetivos.

A continuación pasemos a la escala número 3:

ESCALA 3

LIDERAZGO AL 18%

En este apartado hablaremos sobre el liderazgo en soltería y de sus dos vertientes: la positiva y negativa.

La soltería es un período de aprendizaje, una libertad sana sin distracción a los principios divinos. Muchas personas deciden en este período abstenerse de los deleites carnales por decisión personal, mientras se llega el momento del matrimonio, con la finalidad de crecer espiritualmente en solitario, para a futuro ser un líder emocionalmente sano que toma decisiones maduras.

En soltería se debe cuidar de sí mismo, no de forma egoísta. Simplemente estar bien consigo mismo para poder darse a los demás con quienes compartimos nuestra vida: llámese familia, amigos, compañeros de trabajo, etc. Debe ser una búsqueda interna de gozo personal.

Al estar conformados por Cuerpo, Alma y Espíritu, el ser humano respecto a la parte física y emocional, se enfrenta a retos y debilidades que pueden hacer tambalear su liderazgo, cuando no ha existido un trabajo interior, una disciplina. En ese camino hay una lucha en sí mismo, con el cuerpo, con esos deseos de la carne y del alma. El no identificarlos a tiempo solo llevará a un liderazgo temporal.

Nuestro cuerpo por naturaleza e instinto natural, está deseoso de placeres y deleites, odia el dolor causado por el esfuerzo, por ello un líder ejemplar debe enfrentar sus debilidades.

El liderazgo en una continúa preparación de crecimiento personal, que provoque cambios en nuestra mente.

La mente es como un árbol, si deja de crecer muere. El líder descuidado da paso a que la carne ataque a la mente desviando su camino. Lo dice en **Romanos 8:5.** Y una vez ya la mente dominada por la carne el líder va al fracaso y a la destrucción. **Romanos 8:6.** Entonces el alimentar el espíritu con las sagradas escrituras es una desconexión carnal.

Un líder soltero tiene que enfrentarse a sus propias luchas internas y no caer en tentaciones, se dice entonces que la soltería es lo que hace peligrar más al individuo hacia la escala al éxito. Dese el permiso de transformar lo negativo en positivo para su bien y el de los que están a su alrededor. Una de las soluciones sería el matrimonio basado en la honestidad llegado el momento.

A continuación pasemos a la escala número 4:

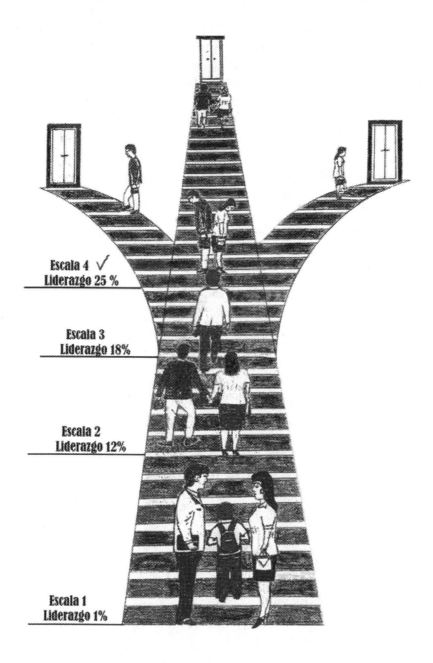

ESCALA 4

LIDERAZGO AL 25%

Una pareja unida con metas compartidas a pesar de las diferencias que pudieran darse entre ambos, es símbolo de éxito en un liderazgo. Quienes se divorcian han fracasado en él. No tuvieron la preparación necesaria para mantener su relación, dañando a sus liderados.

Una de las principales causas de estas separaciones, es la falta de comunicación, que va desmoronando toda unión. Se provoca un desequilibrio que puede llevarles a tomar salidas falsas en las adicciones, la depresión y más consecuencias. La carne se enaltece y sus actos son destructivos.

Para continuar con un liderazgo genuino primero conserve su matrimonio, porque dañando a quien tenemos cerca, sucederá lo mismo con los demás.

A continuación pasemos a la escala número 5:

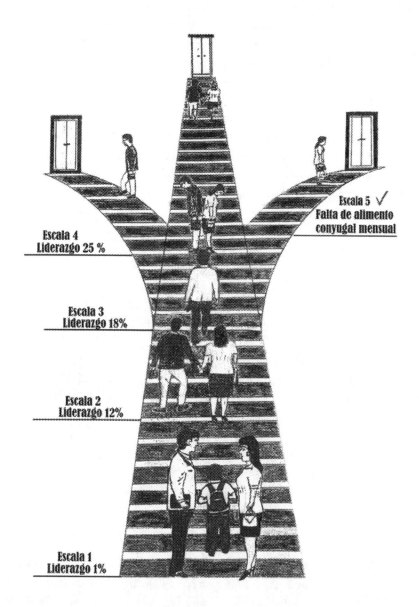

Escala 5 ✓
Falta de alimento
conyugal mensual

Escala 4
Liderazgo 25 %

Escala 3
Liderazgo 18%

Escala 2
Liderazgo 12%

Escala 1
Liderazgo 1%

ESCALA 5

FALTA DE ALIMENTO CONYUGAL MENSUAL

Siguiendo el ejemplo de liderazgo en una organización multinivel, el **Alimento Conyugal Mensual** es de suma importancia, pues de él dependen cuantiosas ganancias o pérdidas. La falta de ese alimento puede llevar a buscar salidas desviando los objetivos.

Permítame explicarle:

Considerando al matrimonio como empresa, llegado el mes, se cierra un ciclo de trabajo a partir del cual se deben pagar ciertos servicios indispensables para su óptimo funcionamiento. No cumplir provocaría un problema financiero que llevaría a la quiebra.

Si comparamos esa falta de pago, con las necesidades no suplidas de ambos conyugues, hablaríamos de cómo en ellos se acumulan recargos emocionales, que de no ser resueltos darían fin a su matrimonio.

La mujer es un ser fuerte que da vida, gran apoyo en todas las actividades del hogar, como madre, compañera, asesora y más.

Si el esposo la valora como tal, le llevará a alcanzar grandes éxitos en cualquier negocio o empresa, y por supuesto en la relación conyugal. Porque lo que debilita a la esencia femenina, es ser considerada un objeto más de casa.

La esencia femenina necesita de atenciones y el hombre que lo ignore, difícilmente logrará que su matrimonio llegue a altos niveles de liderazgo.

Podemos mencionar las siguientes:

1. *Ser escuchada y tratada como en el noviazgo, conservando esa relación afectiva.* Clave para el líder, nunca descuidar las necesidades del sentido auditivo de su esposa. Reafirme y demuestre con hechos lo importante que es como compañera, esposa y madre de sus hijos.
2. *Tiempo de calidad.* El marido puede que sea un proveedor responsable, pero restarle espacios a su esposa cuando no organiza sus horarios.

La relación es como una planta que requiere de cuidados y cariño para que su crecimiento. Poner la atención adecuada que fortalezca la unión, entablar una comunicación donde intercambien experiencias, sentimientos, deseos, pensamientos, intereses y se miren con atención a los ojos. La prioridad es compartir con ella.

3. *Apoyo en las labores del hogar.* Las actividades en casa son constantes, se incrementan cuando hay hijos y pueden provocar frustración, cansancio, etc. Estos pueden ser más llevaderos cuando existe un trabajo en equipo.

4. *Comprensión en su periodo menstrual,* que le provocan alteraciones físicas y emocionales. Lo que ella siente lo trasmite al esposo, porque en el matrimonio son uno, como se menciona en **Génesis 2:24.**

De ambas partes debe existir un canal abierto y sincero de comunicación, para evitar malos entendidos sobre todo cuando el marido desea un acercamiento físico que no es posible. Motivo incluso de demandas por abuso conyugal.

Los recargos emociones negativos serán como una bomba de tiempo que estallará de un momento a otro y provoque la quiebra de la empresa.

Reflexione entonces sobre la importancia de la comunicación, afecto, comprensión y apoyo en su liderazgo conyugal, de eso dependerá el éxito de su relación.

Recomiendo la lectura de mi libro *"Unidos para toda la vida",* donde te acompaño a lograr un matrimonio exitoso.

A continuación pasemos a la escala número 6:

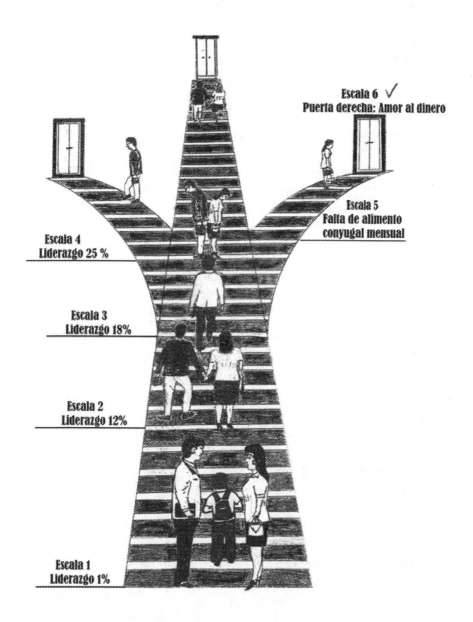

ESCALA 6

PUERTA DERECHA: AMOR AL DINERO

El deseo mal enfocado hacia el dinero, y la forma en que cada persona se comporta cuando lo tiene, nos hace reflexionar sobre una crianza sin principios, que sembró una necesidad de poseer lo que nunca se tuvo o mantenerlo a cualquier precio.

Socialmente se les califica como materialistas. Quienes conviven con una persona que ama al dinero son prisioneros que sufren constantemente por su anhelo de posesión.

Es importante observar cómo se comporta el posible conyugue durante el noviazgo al respecto, y estar conscientes que tienen una problemática a resolver.

Existen tres formas de liderazgo que afectan la relación con los demás respecto a la forma de manejar el amor al dinero:

I) *En la empresa*

Como líder en su propia compañía, familia o en una organización mercantil, se requiere de respetar, capacitar y organizar a sus empleados para que exista un buen funcionamiento y por consiguiente mayor productividad. Si en su negocio no existe un liderazgo positivo, sus empleados le seguirán por obediencia o necesidad, más no por convicción. A todo empleado se le debe respeto.

En Norte América la mayoría de negocios y compañías exitosas, los capacitan para brindar un trato adecuado a los clientes como principio básico de mercadotecnia. Un cliente bien atendido, será un cliente constante y la mejor carta de recomendación con otros del servicio recibido. De igual forma, un empleado tratado dignamente, será más productivo, comprometido en lo que realiza. Sin dejar de lado las normas y principios de la empresa.

En el caso opuesto se genera un ambiente de estrés, inseguridad y hostilidad que se reflejará en una baja productividad. Este tipo de empresas cambian continuamente de empleados, reciben mayores demandas, siendo candidatos ideales a la quiebra.

Aclaro nuevamente que el dinero descubre a cada persona en la carencia material o afectiva que vivió.

II) *En su familia*

En las sagradas escrituras en **Lucas 11:31** se encuentra la parábola del hijo prodigo, donde el padre siente gran culpa y dolor por haberle concedido su parte de herencia, sin haberle educado para administrar lo que le correspondía.

El padre que cuenta con cierta fortuna debe organizarla para que llegado el momento, divida correctamente las partes que le pertenecen a cada uno de sus hijos.

Ciertas familias adineradas con un padre que tiene amor al dinero, que nunca organizó una repartición de bienes, en su fallecimiento provocarán una lucha entre parientes.

Un padre con principios de prosperidad, enseña a sus hijos a organizar los bienes y el dinero, poniendo en primer lugar a nuestro creador. De esta manera en su ausencia, evitará dejar problemas a la familia.

III) *Amor al dinero en una Organización Mercantil.*

En todos los liderazgos en la humanidad, el dinero ha sido motivo de discordia cuando el amor hacia él ha sido mal enfocado. Puede desviar el camino de un buen líder hacia el fracaso.

Sostener un liderazgo abusando de los liderados es un grave error, que a futuro se verá incluso con la quiebra del negocio. No podemos estirar una liga a su máxima capacidad, sin que no haya una consecuencia.

Liderar en una organización es poder influir en los demás con nuestro comportamiento.

Características positivas en un líder:

1. Es un modelo positivo.
2. Respetuoso.
3. Conoce el nombre de sus colaboradores, lo que les hace sentir importantes, ya que se tomó un espacio para ello.
4. Invierte tiempo, trabajo y esfuerzo en quienes lidera para que nazca credibilidad por lo que están haciendo.
5. Motiva a mejorar, orientando, guiando.
6. Reconoce los logros.
7. Es confiable para que le sea devuelta esa cortesía.
8. Favorece la persistencia y paciencia con su ejemplo.
9. Se autorregula y mantiene equilibrado, sobre todo en momentos críticos ofreciendo seguridad a sus seguidores a la hora de tomar decisiones.
10. Continúa su crecimiento personal.
11. Cumple lo que promete.
12. Asiste a todas las citas y es puntual.
13. Es honesto.
14. Brinda apoyo en los momentos difíciles que atraviesen sus seguidores, nunca les deja solos.
15. Es empático con los demás, es decir, les entiende y comprende.

El líder con estas cualidades, sin duda tendrá resultados óptimos en todo lo que emprenda, con la ventaja de prolongar su liderazgo. Será apreciado al valorar a cada elemento como engranaje fundamental de la maquinaria para su óptimo funcionamiento. Al reconocer que trabaja con personas, que sienten, sufren, etc. Pero que asumen su responsabilidad y compromiso con la empresa.

Por tanto, todo líder debe tomar en cuenta además 5 acciones, que permitan valorar a los liderados como personas y no por lo que producen, para evitar un liderazgo temporal.

5 acciones que favorecen la relación con los liderados

1) Apoyarles y agradecer todo lo que han logrado.
2) Hacerles saber que las caídas son normales, como un proceso hacia el éxito.

3) Que el aprendizaje de cada caída es el fortalecimiento interno.

4) Que levantarse y no dejarse vencer, será el ejemplo para quienes creen en él.

5) Cada asociado es un ser humano, con fortalezas y áreas de mejora.

A continuación pasemos a la escala número 7:

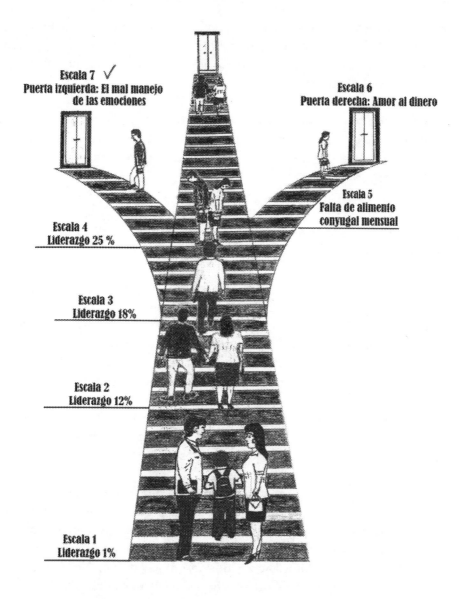

ESCALA 7

PUERTA IZQUIERDA: EL MAL MANEJO DE LAS EMOCIONES

El camino hacia la cima implica mantenerse en equilibrio emocional, espiritual y físico, porque siempre habrá situaciones que nos pongan a prueba apartándonos de nuestras metas. Cimentados en valores y principios se podrá soportar lo venidero.

El liderazgo en pareja, requiere que ambos se brinden atención, respeto, apoyo mutuo, afecto, pues son la base que conforma la familia. La ausencia de ellos merma el ánimo de cualquiera. Eviten tener recargos emocionales.

En ese sentido la cotidianidad puede resultar para un matrimonio un obstáculo sino se maneja adecuadamente, incluso puede provocar una separación o una ruptura definitiva.

Debemos tomar en cuenta que el éxito por tanto, no solo es económico sino también emocional. Esa estabilidad nos permitirá establecer relaciones interpersonales más sanas, tanto con nuestra pareja, como con quienes conviven a nuestro alrededor. Lo que nos permitirá además, solucionar problemáticas con los pies sobre la tierra, considerando pros y contras de nuestras acciones o decisiones.

Es fundamental mencionar que cuando se tiene hijos, la forma en cómo se relacionen como pareja, marcará la pauta del tipo de compañero (a) que busquen en un futuro.

Cuando se cultiva el amor en casa, los adolescentes no estarán en riesgo de buscar fuera lo que tienen dentro. Las jovencitas no se dejarán convencer por palabras agradables, y los varones dominarán sus instintos. Los hijos bien fortalecidos emocionalmente educados en principios y valores, difícilmente desviarán su camino. No contar con estas bases, llevará a los jóvenes a formar uniones temporales.

La situación interna del liderazgo se reflejará al exterior.

Regular una emoción requiere de un trabajo interno, determinar qué emoción tenemos, qué la provoca, qué nos hace sentir, qué hacemos cuando la sentimos y sus posibles consecuencias al relacionarnos. En la medida que identifiquemos lo anterior, podremos manejar ese vaivén emocional que asegure el éxito hacia nuestras metas.

A continuación pasemos a la escala número 8:

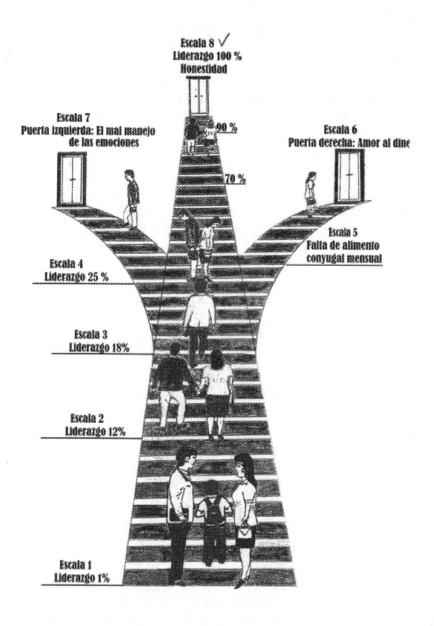

ESCALA 8

LIDERAZGO 100% HONESTIDAD

La honestidad en el liderazgo se perfecciona a cada paso en todas las áreas, buscando un equilibrio entre los ideales y acciones del líder, que le permitan lograr el objetivo común de todos y tomar decisiones acertadas que eviten afectar a los involucrados. Siendo entonces guía y acompañante de sus liderados. La honestidad se refleja en el respeto por uno mismo y los demás, lo que se convierte en una generadora de confiabilidad. Lo cual quiere decir, que la confianza se gana y la lealtad se devuelve.

Un buen líder jamás bajará la guardia, pues nunca estará exento de enfrentar situaciones que puedan hacerle tambalear. Desempeñarse bajo principios y valores, acompañados de un trabajo y compromiso ininterrumpidos le permitirán no desviar su ruta. Llegar a la cima y mantenerse, es un reto constante.

Los líderes más importantes han caído principalmente por la codicia, en las sagradas escrituras por ejemplo, nuestro Padre Eterno solicitó respetar un camino de honestidad: Así lo pidió a Josué al sustituir a Moisés **Josué 1:7**. Trabajar con esfuerzo, valentía conforme a su palabra y que no se apartara ni a diestra ni a siniestra para que fuera próspero en todas las cosas que fuera a emprender.

El primer líder de Israel, el Rey Saúl codició las riquezas de Agag, Rey de Amalec; desobedeciendo las órdenes del Eterno y sin pedir perdón por su falta, concluye su reinado **1 Samuel 15:1-23**.

El Rey David codició la mujer de Urias heteo **2 Samuel 11:1-27**. Habiéndose arrepentido, pidió perdón por haber tomado la puerta izquierda de sus emociones, logrando mantener su liderazgo por cuarenta años.

De ocho años era Josias cuando inició su reinado, el cual duró 31 años en Jerusalén. Este hizo lo recto ante los ojos del señor. Anduvo en los caminos de David su padre, sin apartarse a la derecha o izquierda **Crónicas 34: 2.**

El señor siempre guió a los líderes a través de su palabra para evitar que tomasen el sendero equivocado.

Y a quienes no cumplieron, les fue retirado ese liderazgo. Por tanto, ser honesto es una lucha constante de nuestro espíritu en contra de nuestra carne. **Gálatas 5:16.**

No hay siembra alguna como la semilla de honestidad para recibir los frutos vastos de bendición y recompensa Divina por la obediencia. Como estudioso de la mente, hago esta afirmación: El líder que se esfuerza para que su mente crezca, siempre logrará lo que se proponga. En caso contrario, irá descendiendo poco a poco o en su totalidad **Proverbio 4:27.** No te desvíes a la derecha, ni a la izquierda aparta tu pie del mal.

Ser honesto es mostrarse genuino, objetivo, equilibrando lo que se piensa, dice, siente y hace. Las acciones correctas deben estar por encima de los intereses personales.

Consideraciones finales

Existen muchas formas de liderazgo para llegar al éxito, pero ¿qué garantiza alcanzarlo y permanecer en él?

La clave para lograr el éxito está en la forma de criar a los hijos, programando su mente, construyendo y reconstruyendo su edificio mental desde temprana edad, sabiendo que todo trabajo implica esfuerzo, sacrificio e incluso dolor durante el camino del aprendizaje.

No podemos llamar exitoso a un líder que solo busque enriquecerse económicamente, dejando de lado su crecimiento interior y el bien común.

Agradezco el haberme permitido compartir con ustedes este mensaje. La intención es sembrar una semilla de cambio, que nos lleve a pensar acerca de qué estamos haciendo, cómo nos proyectamos, cómo ejercemos el liderazgo en nuestra vida y en quienes tenemos a nuestro alrededor. Luchando por un éxito en todos los ámbitos sobre valores y principios, para que ese liderazgo sea duradero.

Y si alguna parte del contenido de este libro no fue para usted, vaya limpio y libre de crítica. Y guarde en su mente todo aquello que pueda servirle en su diario vivir y recomiéndelo a quien lo necesita.

Quiero mencionarles que ha sido un honor el que me hayan brindado la confianza de acompañarles a lo largo de las páginas de este libro, cuya finalidad ha sido poder despertar ese gigante interno que de ahora en adelante será invencible, deseando nos encontremos en la próxima edición para continuar caminando juntos hacia la prosperidad y el éxito.

Agradecimientos

Agradezco a mis maestros por su capacidad de liderazgo en mi formación.

A mis alumnos de una década, por los aprendizajes y vivencias.

A mi editora Leticia Flores González por su esfuerzo, dedicación y trabajo compartido para terminar esta obra, quien no solo mostró su conocimiento y preparación, sino también su paciencia y calidez.

A todo el equipo Editorial por su compromiso y responsabilidad.

Miguel Ángel Valdez

Citas Escriturales.

Las citas Bíblicas fueron tomadas de los antiguos rollos originales de Las Sagradas Escrituras. PALABRA DE HASHEM.

1 Timoteo	2:13.
Génesis	2:23.
Efesios	5:23.
Proverbios	13:24.
Proverbios	22:15.
Proverbios	29:15.
Proverbios	23:13.
Éxodo capítulo 14	Versos 21. 22. y 27.
Mateo	22:37.
Mateo	22:32.
Génesis	37:1-36.
1 Timoteo	6:10.37
Mateo	22:17-21.
Deuteronomio	14:22
Levítico	27:30.
Levítico	17:11.
Eclesiastés	12:7.
Mateo	15:14.
Romanos	8:5.
Romanos	8:6.
Génesis	2:24.
Lucas	11:31.
Josué	1:7.
1 Samuel	15:1. al 23
2 Samuel	11:1. al 27
Crónicas	34:2.
Gálatas	5:16.
Proverbios	4:27.

Printed in the United States
By Bookmasters